Herman Melville
Ausgewählte Gedichte
Englisch und Deutsch

Herman Melville

Ausgewählte Gedichte
Englisch und Deutsch

übertragen und mit erweiterten Anmerkungen versehen
von B. S. Orthau

Bibliografische Information der Deutschen Bibliothek:
Die Deutsche Bibliothek verzeichnet diese Publikation in der Deutschen
Nationalbibliographie; detaillierter Daten sind im Internet über
<http://dnb.ddb.de> abrufbar.

Herstellung und Verlag: BoD - Books on Demand, Norderstedt
ISBN 978-3-7412-7289-9

Inhalt

Vorbemerkung

Dies ist die verbesserte, um die englischen Originaltexte erweiterte Fassung des Bandes ‚Herman Melville, Gedichte‘, der 2007 erschienen war. Für ein besseres Verständnis der Gedichte wurden die Anmerkungen deutlich ergänzt.
Die Publikation war damals von der Motivation geleitet, der Sprache Melvilles gerechter zu werden als dies in den vorliegenden Übertragungen von F. Schunk und W. Weber (1984) geschehen war. Die durch A. Pechmann (2013) vorgelegten Übersetzungen haben daran nichts geändert.
Bis auf die Rosengedichte folgen die englischen Fassungen der von D. Robillard herausgegebenen Sammlung (2000). Die englischen Fassungen der Rosengedichte wurden der Hlawatsch/Heiderhoff-Ausgabe entnommen.

B. S. Orthau

Einleitung

Melville als Lyriker? „The Melville who is the author of Moby-Dick, Billy Budd, 'Benito Cereno', 'Bartleby the Scrivener' and other fascinating fictions is already generously given his due by readers and scholars. However, Melville the poet is not, and he is therefore the most neglected poet in America" meint D. Robillard, nachdem er zuvor ausführte: "Herman Melville is one of America's greatest poets, his best poems worthy to take their place beside the poetry of Walt Whitman and Emily Dickinson". Mag manches, wie etwa sein gelegentliches Pathos, auf den heutigen Leser etwas störend wirken, dann entschädigen einige gelungene Zeilen wie beispielsweise die letzten Verse in Die Möwen dafür reichlich.

Warum kennt man den eigenwilligen Poeten "nur" als Erzähler, obwohl er es doch offenbar verdient hätte, auch als Lyriker bekannt zu sein, obwohl er – unabhängig von der Intensität der Arbeit – eine längere Periode seines Lebens mit dem Schreiben von Gedichten als mit dem Schreiben von Prosa verbracht hatte und obwohl allein – gäbe es Moby Dick, Billy Budd usw. nicht – „the quality, variety, and imposing energy of his poems should entitle him to a prominent place" nicht nur – wie Robillard meint – in der US-amerikanischen, sondern in der Literatur überhaupt?

Ironischerweise mag vielleicht gerade seine Bekanntheit als Prosaist seiner Bekanntheit als Lyriker im Wege gestanden haben, man kann aber im Versuch einer Antwort auch nicht an seiner Biografie und der Rezeptionsgeschichte seiner Werke vorbei.

Melville hatte schon in der Jugend Gedichte geschrieben und – man kann sich jedenfalls nur schwer vorstellen, dass es nicht der Fall war – sich wohl früh zum Schriftsteller und Dichter berufen gefühlt.

1819 in New York geboren, war er elf Jahre alt, als sein Vater, ein Importkaufmann, bankrott machte und zwei Jahre später starb. Melvilles behütete Kindheit in einem wohlhabenden bürgerlichen Elternhaus war zu Ende, die Schule besuchte er nun nur noch sporadisch, und nach verschiedenen Tätigkeiten ging er als 20-jähriger etwa fünf Jahre lang zur See, zunächst auf einem Handelschiff, dann auf Walfängern und bei der Kriegsmarine. 1846, ungefähr zwei Jahre nach seiner Abmusterung von der 'United States', einem Kriegsschiff, brachte er 'Typee. A peep at Polynesian Life....' und 1847 'Omoo: A Narrative of Adventure in the South Sea' heraus, und man kann wohl annehmen, dass er bereits auf See erste Skizzen dazu wenn nicht auf Papier, so doch wenigstens in Gedanken vorbereitet hatte.

Die beiden Reiseberichte waren in ihrer Zeit sehr erfolgreich und Melville fühlte sich offenbar darin bestätigt, eine Laufbahn als Schriftsteller einzuschlagen.

1847 heiratete er Elizabeth Shaw, eine Tochter des Obersten Richters von Massachusetts, und zog mit ihr auf eine Farm bei Pittsfield, wo er die Bekanntschaft des in der Nähe wohnenden Nathaniel Hawthorne machte. Unter dessen Einfluss entstand in der Zeit zwischen 1849 und 1851 sein Hauptwerk 'Moby Dick, or the Whale', nachdem er vorher 'Mardi and a Voyage Thither' und 'Redburn. His First Voyage' geschrieben hatte. Er konnte jedoch nicht an seine Erstlingserfolge anknüpfen. Moby Dick fand beim Publikum kaum positive Resonanz; kritisiert wurde vor allem eine reflexive und philosophische Überfrachtung des Romans.

Auch seine weitere Prosa, die er bis etwa Ende der 50er Jahre des 19. Jahrhunderts geschrieben hatte, fand zu seinen Lebzeiten keine Anerkennung. Erst in den 1920er Jahren, eine Generation nach seinem Tod, wurde Melville auch in Europa als Erzähler von der Kritik entdeckt und Billy Budd wurde sogar erst in dieser Zeit posthum publiziert. Die zögernde Auseinandersetzung mit Melvilles Lyrik begann im deutschen Sprachraum, teilweise allein auf literaturwissenschaftlicher Ebene, erst in den 1950er Jahren, aber bis heute sind seine Gedichte dem breiten Publikum kaum bekannt.

Es mag Spekulation bleiben, warum Melville nach einer sehr intensiven Tätigkeit als Erzähler zwischen ungefähr 1845 und 1857 begann, sich der Lyrik zuzuwenden. Man kann wohl annehmen, dass es ihm darum gegangen sein musste, sich vor sich selbst als Dichter zu bestätigen und vielleicht auch darum, sich vor dem Publikum wenigstens auf einem andern Gebiet als dem zu beweisen, auf dem ihm Anerkennung versagt geblieben war. Berücksichtigen muss man vermutlich aber genauso, dass sich Melville gegen Ende der 1850er Jahre aufgrund der kommerziellen Misserfolge seiner Romane und Erzählungen allein aus den Erträgen, die seine Farm abwarf, kaum in der Lage gesehen haben kann, seine Familie – er und seine Frau hatten mittlerweile vier Kinder – zu ernähren und ruhig und beständig ausschließlich an einem größeren Projekt wie etwa einem Roman zu arbeiten. Bestrebungen von Freunden, ihm einen Posten im konsularischen Dienst zu verschaffen, blieben erfolglos und so versuchte er, sich mit Vorträgen und Vortragsreisen über Wasser zu halten, bis er 1863 seine Farm verkaufte und nach New York zurückging. Er war dort von 1866 bis 1885 als Inspektor beim Zoll tätig. Was er selbst von dieser Veränderung gehalten hatte, ist nicht bekannt, aber seine Mutter notierte, dass das nun regelmäßigere Leben seiner Gesundheit gut getan hätte.

Mit den 'Battle Pieces', seinem 1866 veröffentlichten ersten Gedichtband, mochte er wohl seit den Anfängen des Konflikts zwischen den Nord- und Südstaaten und dann dem Ausbruch des Sezessionskrieges schwanger gegangen sein; er war für ihn wohl so etwas wie ein Logbuch des Krieges, obgleich man schwerlich davon ausgehen kann, dass die Gedichte in unmittelbarem zeitlichen Zusammenhang mit den Ereignissen, auf die sie sich beziehen, entstanden sind. Richtig zu schreiben begann er sie wohl erst nach dem Fall von Richmond. Auch wenn er sich dabei auf zeitgeschichtliche Quellen, Zeitungsberichte etc. bezog, ist erkennbar, dass er nicht nur als Chronist schrieb, sondern darin eigene innere Erlebnisse verarbeitete. Deutlich wird dies etwa in dem Gedicht über die 'draft-riots' in New York im Juli 1863 (Auf dem Dach). Sie hatten unmittelbar vor der Übersiedlung seiner Familie nach New York stattgefunden, aber er beschrieb sie so, als hätte er tatsächlich vom Dach seines Hauses aus die Feuer in der Ferne beobachtet.

Den entwicklungsgeschichtlichen Rückfall der Menschheit um ganze Äonen, den er angesichts des aufständischen Pöbels konstatierte, befürchtete er wohl bis zu einem gewissen Grade auch in Zusammenhang mit dem Sezessionskrieg, und das Unheil des Krieges, der „üble Frevel der Menschheit“, der seinen Schatten auf „der Welt schönste Hoffnung“ (Böse Ahnungen) wirft, bestand für Melville wohl zuallererst in der Tatsache, dass es sich um einen Krieg Bruder gegen Bruder handelte.

Trotz allem fühlte Melville sich auf der richtigen Seite, er lässt keinen Zweifel daran, und er war sicherlich kein Freund der Sklaverei, aber Robillard weist darauf hin, dass er in Bezug auf die Sklaverei anscheinend eher konventionell dachte und begründet es damit, dass die Sklaverei fast nur in 'Ehemals eine Sklavin' thematisiert wird. Auch eine Frage wie „Kann Afrika jemals vergelten das Blut …?" (Eine Meditation) wird auf diesem Hintergrund so gedeutet werden können. Andererseits aber spricht Melville immer von den Nordstaaten oder den Soldaten der Nordstaaten als von denen, die „fochten für Menschheit und Recht" (Inschrift) und der Jubel des Soldaten Witwe (Ein Epitaph) ist nicht denkbar ohne die Vorstellung, dass die Sache des Nordens die gerechte Sache war, selbst wenn das Unglück des Bruderkriegs in höchstem Maße zu bedauern sein mochte. Zugleich erkannte Melville sehr deutlich die andere Art eines nun maschinisierten und technisierten Krieges, der „Tresse und Feder" versengt (Das Gefecht der Monitor), den Einzelnen „im Blitzstrahl" vernichtet oder nur „versteinert" überleben lässt. Sie zeigte sich für ihn – nicht verwunderlich bei seiner Neigung zur Seefahrt – vor allem im Niedergang der Segelschifffahrt und des alten Seekrieges mit prächtigen Schiffen, denen nun schmucklose gepanzerte Dampfschiffe überlegen waren.

Die 'Battle-Pieces' erschienen in einer Auflage von 1200 Exemplaren, 500 wurden in den ersten zehn Jahren verkauft, heißt es. Weder 'Clarel', das 1876 erschienene Versepos einer Pilgerfahrt ins Heilige Land, noch die lyrische Hinwendung zu seinen früheren Themen, der Seefahrt in 'John Marr and Other Sailors' (1888) und dann den Reisebildern in 'Timoleon, Etc.' (1891) konnte etwas daran ändern, dass seine Lyrik nun wie zuvor seine Prosa kaum wahrgenommen wurde. Diese letzten beiden Gedichtbände erschienen dann nur noch in einer Auflage von je 25 Exemplaren, die Melville selbst als Privatauflage drucken ließ.

Nach der Auseinandersetzung mit dem Unheil des Bürgerkriegs, von dem sich Melville die Läuterung der Nation erhoffte, ging es nun um Themen allgemeinerer Art. 'John Marr' handelt natürlich von Schiffen und Seeleuten, vor allem aber vom fast existenzialistisch gesehenen Verhältnis von Mensch und Natur, das schon in Moby Dick thematisiert war. Der

Mensch erscheint winzig gegen die zwar auch schöne, aber vor allem grausame Natur, wobei Schönheit und Grausamkeit der Natur letztlich nur als menschliche Deutungen ihrer totalen Gleichgültigkeit gegenüber dem Menschen erkannt werden. Dies einzusehen und zu akzeptieren kann zu größerer Gelassenheit führen, dazu, dass – wie im „heilsamen Tau des Rosmarins" (Kiesel) Rose und 'Mare', das Meer – das Prinzip der Schönheit und des Lebens mit dem Prinzip der Bedrohung und des Todes vereint werden.

Nachdem er Eindrücke seiner 1857 unternommene Europa- und Nahostreise bereits in Clarel verarbeitet hatte, griff er entsprechende Themen in 'Timoleon, Etc.' erneut auf, allerdings nun weniger in Bezug auf das Heilige Land, sondern in Bezug auf Europa und hier vor allem auf Italien und Griechenland.

Aspekte der Philosophie und der künstlerischen Ästhetik treten nun in den Vordergrund und man meint fast, Melville hätte vor allem im alten Griechenland die gelungene Auflösung der Widersprüche menschlicher Existenz in Humanität, Schönheitssinn, Muse und Frieden zu finden geglaubt. Man mag sich an die deutsche Klassik erinnert fühlen, wenngleich diese Sicht bei Melville auf einer anderen Grundlage, unter andern Voraussetzungen entwickelt war. Sie verband sich bei ihm mit der Kritik an vordergründigem Utilitarismus, in dem „die Büste Apolls Kalk für des Mammons Türm bloß" (Eine verwüstete Villa) wird, mit einer Haltung, die die Weisheit der Vorväter, der Alten hochhielt, sie als wichtige, allerdings häufig außer Acht gelassene Orientierung der Jungen betrachtete (Verlassene Quellen). Nicht zuletzt wurde die Missachtung der Weisheit der Alten als wesentliche Ursache für die Probleme der Zeit diagnostiziert und sogar für den Ausbruch des Bürgerkrieges (vgl. Der Marsch nach Virginia) verantwortlich gemacht.

1891, im Jahr der Veröffentlichung von 'Timoleon, Etc.', starb Melville, als Dichter und Autor fast völlig vergessen.

Man mag 'L'Envoi', das Gedicht, das er ans Ende von 'Timeleon, Etc.' gestellt hat, als Liebeserklärung an seine Frau betrachten, als Ausdruck der Einsicht, dass Glück letztlich nur im Privaten gefunden werden kann, man muss es aber auch als resignierten Abgesang eines Dichters sehen, dem die verdiente

Anerkennung zu Lebzeiten – und wir können heute hinzufü-
gen, auch nach seinem Tod – lange, zu lange versagt geblieben
war und von dem es heute immer noch einiges zu entdecken
gilt.

B. S. Orthau

■Aus: Battle Pieces

The Portent

(1859)

Hanging from the beam,
  Slowly swaying (such the law),
Gaunt the shadow on your green,
  Shenandoah!
The cut is on the crown
(Lo, John Brown),
And the stabs shall heal no more.

Hidden in the cap
  Is the anguish none can draw;
So your future veils its face,
  Shenandoah!
But the streaming beard is shown
(Weird John Brown),
The meteor of the war.

Das Omen
(1859)

Vom Balken hängend,
*   Sachte schwankend (so's Gesetz),*
Wächst Schatten über dein Grün empor,
*   Shenandoah!*
Die Kron' ist zerhau'n
(Sieh, John Brown),
Und nichts wird sein wie zuvor.

Unter der Kapuze
*   Unnennbare Qual und Pein;*
Draus ragt der wehende Bart hervor.
*   Shenandoah,*
So birgt deine Zukunft Grau'n,
(Fluch, John Brown),
Wird Fanal, das Krieg beschwor!

Misgivings

(1860)

When ocean-clouds over inland hills
    Sweep storming in late autumn brown,
And horror the sodden valley fills,
    And the spire falls crashing in the town,
I muse upon my country's ills –
The tempest bursting from the waste of Time
On the world's fairest hope linked with man's
                                  foulest crime.

Nature's dark side is heeded now–
    (Ah! Optimist-cheer disheartened flown) –
A child may read the moody brow
    Of yon black mountain lone.
With shouts the torrents down the gorges go,
And storms are formed behind the storm we feel:
The hemlock shakes in the rafter, the oak in the
                                    driving keel.

Böse Ahnungen

(1860)

Wenn Meereswolken ziehen über die Hügel hin
   Im späten Braun des Herbstes bei Sturm,
Und Entsetzen erfasst das durchnässte Tal
   Und mit Krachen fällt in der Stadt der Turm,
Über meines Landes Fehler ich sinn –
Sturm bricht hervor aus der Wüste der Endzeit
Auf der Welt schönste Hoffnung, befleckt von üblem Frevel
                  der Menschheit.

Der Natur dunkle Seite hat nun sich enthüllt –
   (Ah, optimistischer Jubel entmutigt verflogen) –
An des einsamen Bergs dunkler Stirn ein Kind
   Kann den Missmut lesen aus der Braue Bogen.
Der Sturzbach die Schluchten hinunter brüllt,
Stürm' ziehen auf hinterm Sturm, den wir fühlen,
Die Tann' erzittert im Dachstuhl, die Eich' in den fahrenden
                  Kielen.

Apathy and Enthusiasm
(1860-61)

I

O the clammy cold November,
    And the winter white and dead,
And the terror dumb with stupor,
    And the sky a sheet of lead;
And events that came resounding
    With the cry that All was lost,
Like the thunder-cracks of massy ice
    In intensity of frost –
Bursting one upon another
    Through the horror of the calm.
    The paralysis of arm
In the anguish of the heart;
And the hollowness and dearth.
    The appealings of the mother
    To brother and to brother
Not in hatred so to part –
And the fissure in the heart
    Growing momently more wide.
Then the glances 'tween the Fates,
    And the doubt on every side,
And the patience under gloom
In the stoniness that waits
The finality of doom.

II

So the winter died despairing,
    And the weary weeks of Lent;
And the ice-bound rivers melted,
And the tomb of Faith was rent.
O, the rising of the People
    Came with springing of the grass,
They rebounded from dejection
    After Easter came to pass.

Apathie und Enthusiasmus
(1860-61)

I
Oh der klamme, kalt' November,
    Und der Winter, tot und weiß,
Das Erschrecken, starr, benommen,
    Himmel voll des grauen Bleis;
Und Geschehen, das vom Schrei:
    „Verloren alles" widerhallt,
Wie der eis'gen Massen Krachen
    In des grimmen Frosts Gewalt –
Dröhnend weiter nacheinander
    Durch der Stille stumme Qual.
    Und die Lähmung aller Glieder
In des Jammers tiefstem Tal;
Und die Leere und die Not.
    Die Ermahnungen der Mutter
    An den Bruder und den Bruder,
Nicht im Hasse so zu scheiden –
Und in Herzen tiefe Riss',
    Die sich immerzu noch weiten.
Dann die Blicke zwischen Parzen,
    Argwohn auch auf jeder Seit,
Und die Düsternis des Duldens
In der Starre, die erwartet
Der Verdammnis Ewigkeit.

II
So der Winter starb verzweifelnd,
    Auch beim Fasten blieb es nicht;
Doch als schmolz das Eis der Flüsse,
Neu erwuchs die Zuversicht.
Oh, des Volkes Hoffnung hob sich,
    Grünte mit dem Grase neu,
Und sie wandten sich vom Trübsinn,
    Als dann Ostern war vorbei.

And the young were all elation
        Hearing Sumter's cannon roar.
And they thought how tame the Nation
        In the age that went before.
And Michael seemed gigantical,
        The Arch-fiend but a dwarf;
And at the towers of Erebus
        Our striplings flung the scoff
But the elders with foreboding
        Mourned the days forever o'er,
And recalled the forest proverb,
        The Iroquois' old saw:
Grief to every graybeard
        When young Indians lead the war.

Bei den Jungen wuchs der Stolz
    Durch Fort Sumters Gegenwehr,
Und sie dachten zahm das Volk
    In der ganzen Zeit vorher.
Riesig Michael nun schien,
    Wie ein Zwerg der Erz-Feind nur;
Und die Bürschlein spien Spott
    auf Erebos Türme hin.
Ältere erhoben Einspruch,
    Tag' betrauernd, die gewesen,
Wiesen auf des Waldes Wort,
    Alten Spruch der Irokesen:
Kummer jedem Graubart wird,
    Wenn die Jugend Krieg anführt.

The March into Virginia

Did all the lets and bars appear
　To every just or larger end,
Whence should come the trust and cheer?
　Youth must its ignorant impulse lend –
Age finds place in the rear.
　All wars are boyish, and are fought by boys,
The champions and enthusiasts of the state:
　Turbid ardors and vain joys
　　Not barrenly abate –
　Stimulants to the power mature,
　　Preparatives of fate.

Who here forecasteth the event?
What heart but spurns at precedent
And warnings of the wise,
Contemned foreclosures of surprise?
The banners play, the bugles call,
The air is blue and prodigal.
　No berrying party, pleasure-wooed,
No picnic party in the May,
Ever went less loth than they
　Into that leafy neighborhood.
In Bacchic glee they file toward Fate,
Moloch's uninitiate;
Expectancy, and glad surmise
Of battle's unknown mysteries.
All they feel is this: 't is glory,
A rapture sharp, though transitory,
Yet lasting in belaureled story.
So they gayly go to fight,
Chatting left and laughing right.

Der Marsch nach Virginia

Beendet mit der ersten Schlacht von Manassas
(Juli 1861)

Würd' jedes Für und Wider beschaut,
  Bei Plänen, ob nun gerecht oder groß,
Wie käm's, dass man jubelt, darauf baut?
  Drängen eignet der Jugend bloß –
Das Alter hält sich zurück.
  Kriege kindisch, für Knaben nur sind,
Kämpfer des Staats, ihn verehrend dabei:
  Freude, die eitel, und Eifer, der blind,
    Gehen dann nicht spurlos vorbei –
  Sie spornen an die reife Macht,
    Machen den Weg des Schicksals frei.

Wer hatt' denn prophezeit das Geschehen?
Warum sollte ein Herz verschmähen
Den Rat, die Warnung der Weisen,
Die Wege, meist sicherer, weisen?
Die Hörner rufen, die Fahnen wehen
In üppigem Blau ist der Himmel zu sehen.
  Keine Erntedank, der der Freude galt,
Kein Gartenfest in des Maien Pracht
Lockte je hinaus mit stärkerer Macht
  In der nahen Nachbarschaft Wald.
Dem Schicksal entgegen in Bacchus' Freud
Ziehen sie, von Moloch nicht eingeweiht,
Erwartungsvoll und ohne zu achten
Die dunklen Geheimniss' der Schlachten.
Nur eins spüren sie: den Ruhm, den Glanz
Und, obgleich vergänglich, den Taumel ganz,
Gekrönt vielleicht mit dem Lorbeerkranz.
So gehen sie freudig in die Schlacht,
links wird geplaudert und rechts gelacht.

But some who this blithe mood present,
    As on in lightsome files they fare,
Shall die experienced ere three days are spent –
    Perish, enlightened by the vollied glare;
Or shame survive, and, like to adamant,
    The throe of Second Manassas share.

Doch mancher, der jetzt so fröhlich ist,
  Und mitzieht in den hellen Reihen,
Wird klüger sterben binnen dreier Tag Frist,
  Vernichtet in gleißendem Salvenschein,
Oder, versteinert, das Elend durchstehen,
  Durchleidend des zweiten Manassas Wehen.

Ball's Bluff

A Reverie (OCTOBER, 1861)

One noonday, at my window in the town,
  I saw a sight – saddest that eyes can see –
  Young soldiers marching lustily
        Unto the wars,
With fifes, and flags in mottoed pageantry;
  While all the porches, walks, and doors
Were rich with ladies cheering royally.

They moved like Juny morning on the wave,
  Their hearts were fresh as clover in its prime
  (It was the breezy summer time),
        Life throbbed so strong,
How should they dream that Death in a rosy clime
  Would come to thin their shining throng?
Youth feels immortal, like the gods sublime.

Weeks passed; and at my window, leaving bed,
  By night I mused, of easeful sleep bereft,
  On those brave boys (Ah War! thy theft);
        Some marching feet
Found pause at last by cliffs Potomac cleft;
  Wakeful I mused, while in the street
Far footfalls died away till none were left.

Ball's Bluff

Eine Träumerei (Oktober 1861)

An meinem Fenster in der Stadt zur Mittagsstund'
  Sah das traurigste Bild ich, das je zu sehen,
  Sah junge Soldaten begeistert entgegengehen
     Dem Krieg und Brand,
In Fünferreihen, unter Sinnsprüchen, Fahnenwehen;
  Und auf Gehsteigen, in Türen, am Straßenrand
Sah man „Vivat" rufende Damen stehen.

Jung wie ein Morgen im Juni marschierten sie hin,
  Die Herzen frisch wie grünender Klee und bereit
  (Es war eines luftigen Sommertags Zeit),
     Das Leben drängte so sehr.
Wie sollt' ihnen auch träumen in ihrer rosigen Freud,
  Dass der Tod würd' machen ihre Reihen leer?
Gleich Göttern dachten sie sich dagegen gefeit.

Wochen vergingen; gedenkend der tapferen Jungs
  (Oh Krieg! dein Raub) hatt' ich am Fenster gewacht,
  Die Nachtzeit schlaflos und sinnend verbracht,
     Der marschierenden Tritte,
Ihres Endes bei des Potomacs Klippen gedacht.
  Wachend ich sann – und auf der Straße Schritte
Erstarben fern in der Stille der Nacht.

Dupont's round fight

(NOVEMBER, 1861)

In time and measure perfect moves
  All Art whose aim is sure;
Evolving rhyme and stars divine
  Have rules, and they endure.

Nor less the Fleet that warred for Right,
  And, warring so, prevailed,
In geometric beauty curved,
  And in an orbit sailed.

The rebel at Port Royal felt
  The Unity overawe,
And rued the spell. A type was here,
  And victory of Law.

Duponts gezirkeltes Gefecht
(November 1861)

Perfekt in Zeit und Maß ist Kunst,
  Ihrer Ziele sicher, zu sehen.
Des Dichters Verse, die göttlichen Stern'
  Gehorchen Gesetzen, bestehen.

Auch die Flotte, die kämpfte fürs Recht,
  Und, kämpfend so, hatte obsiegt,
War in Kurven, Kreisbahnen gesegelt,
  Geometrische Schönheit drin liegt.

Respekt ward den Rebellen Port Royals
  Vor der Union nun nah gebracht,
Sie reuten den Fluch. Ein Beispiel war's
  Und ein Sieg der Gesetze Macht.

The Stone Fleet

An Old Sailor's Lament
(DECEMBER, 1861)

I have a feeling for those ships,
    Each worn and ancient one,
With great bluff bows, and broad in the beam:
    Ay, it was unkindly done.
        But so they serve the Obsolete –
        Even so, Stone Fleet!

You'll say I'm doting; do you think
    I scudded round the Horn in one –
The *Tenedos*, a glorious
    Good old craft as ever run –
        Sunk (how all unmeet!)
        With the Old Stone Fleet.

An India ship of fame was she,
    Spices and shawls and fans she bore;
A whaler when the wrinkles came –
    Turned off! till, spent and poor,
        Her bones were sold (escheat)!
        Ah! Stone Fleet.

Four were erst patrician keels
    (Names attest what families be),
The *Kensington*, and *Richmond* too,
    Leonidas, and *Lee*:
        But now they have their seat
        With the Old Stone Fleet.

To scuttle them – a pirate deed –
    Sack them, and dismast;
They sunk so slow, they died so hard,
    But gurgling dropped at last.
        Their ghosts in gales repeat
        Woe's us, Stone Fleet!

Die Stein-Flotte

Eines alten Seemanns Klage
(Dezember 1861)

Ich fühl' mit diesen Schiffen,
    Ein jed's verbraucht und alt,
Mit steilem Bug und breit im Bau:
    Ay, 's war so herzlos, kalt.
        Doch so wird's stets mit Altem sein –
        Genauso, Flotte der Stein'!

Könnt' sagen, ich fasel; denkt bloß dran,
    In einem jagt' ich rund ums Kap –
Die ‚Tenedos' war's, 'n ruhmreich's
    Fein's alt's Schiff, wie's sonst keins gab –
        Versenkt (wie kann das richtig sein?)
        Mit der alten Flotte der Stein'.

Ein Indien-Fahrer voll Ruhm war sie,
    Gewürze, Schals und Fächer als Fracht;
Ein Walschiff dann, als die Runzeln kamen –
    Abseits gestellt und um alles gebracht,
        Man sie verkauft', ihre Knochen zog ein
        Ah! Flotte der Stein'.

Vier waren einst aristokratische Schiff'
    (ihre Namen kennzeichnen das und sie),
Die ‚Kensington', die ‚Richmond' auch,
    Die ‚Leonidas' und die ‚Lee':
        Aber sie müssen mit drunten sein,
        Mit der alten Flotte der Stein'.

Sie anzubohren – eines Piraten Tat –
    Zu plündern, zu entmasten noch;
Sie sanken so langsam, starben so schwer,
    Aber gurgelnd gingen sie unter doch.
        Ihr Geist wird im Sturm zu hören sein:
        Weh uns, Flotte der Stein'!

And all for naught. The waters pass –
　　Currents will have their way;
Nature is nobody's ally; 'tis well;
　　The harbor is bettered – will stay.
　　　A failure, and complete,
　　　Was your Old Stone Fleet.

Und alles umsonst. Die Wasser fließen,
    Ihren Weg findet immer die Flut,
Der Hafen, gebessert, wird halten,
    Natur sich mit keinem verbünd', 's ist gut:
        Ein Versagen war's, ganz und allein,
        Mit eurer Flotte der Stein'!

The Temeraire

The gloomy hulls in armor grim,
    Like clouds o'er moors have met,
And prove that oak, and iron, and man
    Are tough in fibre yet.

But Splendors wane. The sea-fight yields
    No front of old display;
The garniture, emblazonment,
    And heraldry all decay.

Towering afar in parting light,
    The fleets like Albion's forelands shine –
The full-sailed fleets, the shrouded show
    Of Ships-of-the-Line.

The fighting *Temeraire*,
    Built of a thousand trees,
Lunging out her lightnings,
    And beetling o'er the seas –
O Ship, how brave and fair,
    That fought so oft and well,
On open decks you manned the gun
Armorial.
What cheerings did you share,
    Impulsive in the van,
When down upon leagued France and Spain
    We English ran –

The freshet at your bowsprit
    Like the foam upon the can.
Bickering, your colors
    Licked up the Spanish air,
You flapped with flames of battle-flags –
    Your challenge, *Temeraire!*

Die ‚Temeraire‘

(vermutlich einem Engländer der alten Sorte eingegeben
beim Kampf zwischen der ‚Monitor‘ und der ‚Merrimac‘)

In grimmer Wehr trafen die düsteren Rümpf’
    Sich, Wolken gleich, überm Ödland hoch,
Zu erweisen das Eisen, die Eiche, den Mann
    Als fest in der Faser noch.

Doch Glanz vergeht. Das Seegefecht duldet
    Nicht die Kühnheit alter Art;
Verloren ging der Ausstattung Schmuck,
    Mit Wappen und Farben gepaart.

Gewaltig und fern im vergehenden Schein,
    Als ob’s die Landspitz’ Albions sei,
Leuchten Geschwader in verhangener Sicht
    Unter Segel in einer Reih.

Das Kriegsschiff ‚Temeraire‘,
    Gebaut aus tausend Stämmen,
Löscht seine Lichter aus
    Und stampft in Wellenkämmen –
O Schiff, wie brav und edel,
    Das focht so oft und gut,
Auf Deck mit bemannten Kanonen
In Wappenschmuck, mit Mut.
Welch Jubel wurd’ dir zuteil,
    Wenn, in vorderster Reih du voraus,
Gen Frankreich und Spanien im Bund
    Es liefen wir Engländer aus –

An deinem Bugspriet die Gischt
    Wie Schaum war auf dem Krug.
Das Flackern deiner Farben
    Entzündet’ den spanischen Himmel,
Das flammende Flattern der Kriegsfahn’ –
    Dein Schlachtruf, ‚Temeraire‘, im Gewimmel!

The rear ones of our fleet
    They yearned to share your place,
Still vying with the *Victory*
Throughout that earnest race –
The *Victory*, whose Admiral,
    With orders nobly won,
Shone in the globe of the battle glow –
    The angel in that sun.
Parallel in story,
    Lo, the stately pair,
As late in grapple ranging,
    The foe between them there –
When four great hulls lay tiered,
And the fiery tempest cleared,
And your prizes twain appeared,
        Temeraire!

But Trafalgar is over now,
    The quarter-deck undone;
The carved and castled navies fire
    Their evening-gun.
O, Titan *Temeraire*,
    Your stern-lights fade away;
Your bulwarks to the years must yield,
    And heart-of-oak decay.
A pigmy steam-tug tows you,
    Gigantic, to the shore –
Dismantled of your guns and spars,
    And sweeping wings of war.
The rivets clinch the iron clads,
    Men learn a deadlier lore;
But Fame has nailed your battle-flags –
    Your ghost it sails before:
O, the navies old and oaken,
    O, the *Temeraire* no more!

Die andern Schiff' im Geschwader
    Sich wünschten an deine Seit
Hindurch all die emsige Jagd
Mit der ‚Victory' im Wettstreit –
Die ‚Victory', deren Admiral
    Mit noblen Befehlen obsiegt',
Sie glänzt' in der Gloriole der Schlacht –
    Wie der Engel, der darin fliegt.
Doch schaut zugleich
    Auf die stattlichen Zwei,
Als spät erst jener Feigling dort
    Im Gemeng' offenbart' seinen Rang
Als vier große Rümpf in der Reih',
    Auch als sich der feurige Sturm geklärt
Und du dich zeigtest doppelt bewährt,
    ‚Temeraire'!

Doch Trafalgar ist vorüber,
    Das Kommandodeck verwaist;
Salut der Geschwader, starr im Karree,
    Die letzte Ehr' dir erweist.
Oh, Titan ‚Temeraire',
    Dein Licht am Stern vergeht,
Dein Schanzkleid muss zollen der Zeit
    Und still dein tapfer Herz steht.
Ein Zwerg von Schlepper zieht dich,
    Den Giganten, hinter sich her –
Hast, von Kanonen und Spieren entkleidet,
    Des Kriegs stürm'sche Flügel nicht mehr.
Menschen indes wird tödlichere Sag'
    Und Nieten klammern eiserne Wehr;
Doch Ruhm deine Flaggen verewigt –
    Es segelt dein Geist vor dir her:
Oh, die Schiffe, alt, aus Eiche,
    O, die ‚Temeraire' nie mehr!

A utilitarian View of the
Monitor's Fight

Plain be the phrase, yet apt the verse,
    More ponderous than nimble;
For since grimed War here laid aside
His Orient pomp, 'twould ill befit
        Overmuch to ply
    The rhyme's barbaric cymbal.

Hail to victory without the gaud
    Of glory; zeal that needs no fans
Of banners; plain mechanic power
Plied cogently in War now placed –
        Where War belongs –
    Among the trades and artisans.

Yet this was battle, and intense –
    Beyond the strife of fleets heroic;
Deadlier, closer, calm 'mid storm;
No passion; all went on by crank,
        Pivot, and screw,
    And calculations of caloric.

Needless to dwell; the story's known.
    The ringing of those plates on plates
Still ringeth round the world –
The clangor of that blacksmiths' fray.
The anvil-din
    Resounds this message from the Fates:

War shall yet be, and to the end;
    But war-paint shows the streaks of weather;
War yet shall be, but warriors
Are now but operatives; War's made
        Less grand than Peace,
    And a singe runs through lace and feather.

Eine utilitaristische Betrachtung
des Gefechts der ‚Monitor'

Schlicht der Satz, doch treffend der Vers,
    Eher nachdenklich, nicht behend;
Da grimmer Krieg legt' hier beiseit'
Alten Prunk, würd's schlecht nur passen
      Zu sehr zu bemühn
    Die barbarische Zymbel, der Reim' Instrument.

Heil dem Sieg ohne der Glorie Pracht;
    Hingabe, die Fahnenflattern
Nicht braucht; nur mechanische Kraft,
Triftig genutzt jetzt in Kriegen dort –
    Wo sie hingehören –
  Unter Handel, Gewerb', Maschinenrattern.

's war Kampf, heftig, nicht heroischer
    Streit der Flottenschwärme;
Tödlicher, enger, gelassen im Toben;
Keine Leidenschaft; alles mit Kurbel,
      Drehmoment, Schraube
    Und Berechnung der Wärme.

Nutzlos, sich aufzuhalten; alles bekannt.
    Der Schmiede Rauferei Schall
Hallte rund um die Welt –
Getöse von Platten auf Platten.
Der Amboss-Lärm
    Ist der Parzen Botschaft Widerhall:

Kriege wird's geben, bis an's End;
    Doch des Wetters Blitzstrahl gleicht jeder;
Kriege wird's noch geben, aber Krieger
Maschinisten bloß sind; weniger als Fried
    Ist groß nun der Krieg,
    Und der Blitz sengt Tresse und Feder.

Shiloh

A requiem (APRIL, 1862)

Skimming lightly, wheeling still,
The swallows fly low
Over the field in clouded days,
The forest-field of Shiloh
Over the field where April rain
Solaced the parched ones stretched in pain –
Through the pause of night
That followed the Sunday fight
Around the church of Shiloh –
The church so lone, the log-built one,
That echoed to many a parting groan
And natural prayer
Of dying foemen mingled there –
Foemen at morn, but friends at eve –
Fame or country least their care:
(What like a bullet can undeceive!)
But now they lie low
While over them the swallows skim,
And all is hushed at Shiloh.

Shiloh

Ein Requiem (April 1862)

Ruhig kreisend, gleitend sacht
Fliegen an bewölkten Tagen
Die Schwalben tief über dem Ort hin der Schlacht,
Dem Waldgebiet von Shiloh –
Über dem Schlachtfeld, wo Aprilregen allein
Die Schmachtenden labt', hingestreckt in Pein,
Während der Nacht,
Die folgt' auf des Sonntags Schlacht
Rund um die Kirch' von Shiloh –
Jener einsamen Kirch', aus Stämmen erbaut,
Von der hallt' manch Stöhnen, manch ersterbender Laut
Und manches Gebet
Eines sterbenden Feinds, der dazwischen lag –
Feind am Morgen, Freund nun zur Nacht –
Ruhm oder Land, nicht länger bedacht':
(Was etwas wie eine Kugel kann bringen zu Tag!)
Aber nun liegen sie tief und immerzu
Fliegen tief die Schwalben über sie hin
Und über allem ist Ruh
bei Shiloh.

Malvern Hill

(JULY, 1862)

Ye elms that wave on Malvern Hill
    In prime of morn and May,
Recall ye how McClellan's men
    Here stood at bay?
While deep within yon forest dim
    Our rigid comrades lay –
Some with the cartridge in their mouth,
Others with fixed arms lifted South –
        Invoking so –
The cypress glades? Ah wilds of woe!

The spires of Richmond, late beheld
Through rifts in musket-haze,
Were closed from view in clouds of dust
    On leaf-walled ways,
Where streamed our wagons in caravan;
    And the Seven Nights and Days
Of march and fast, retreat and fight,
Pinched our grimed faces to ghastly plight –
        Does the elm wood
Recall the haggard beards of blood?

The battle-smoked flag, with stars eclipsed,
    We followed (it never fell!) –
In silence husbanded our strength –
    Received their yell;
Till on this slope we patient turned
    With cannon ordered well;
Reverse we proved was not defeat;
But ah, the sod what thousands meet! –
        Does Malvern Wood
Bethink itself, and muse and brood?

Malvern Hill

(Juli 1862)

Ihr Ulmen, die überm Malvern-Hügel ihr wogt,
    Wenn des Maimorgens Strahl den Himmel erhellt,
Wisst ihr noch, wie McClellans Männer
    Hier standen, vom nachrückenden Feind gestellt?
Während tief im Dunkel des Waldes dort
    Unsre Kameraden steif lagen, von Kugeln gefällt,
Manche die Patron' zwischen Zähnen bereit,
Andre die Arm gen Süd gestreckt weit –
        Beschwörend so
Zypressengefild'? Ah, welch grausames Bild!

Die Türme von Richmond, noch unlängst zu sehen
    Durch den Pulverdampf, als die Schüsse krachten,
Entschwanden in Wolken aus Staub,
    Die in Karawane fahrende Wagen machten,
Auf Wegen zwischen Blätterwänden,
    Als wir hungernd marschierten, kämpften, wachten
Im Laufe der sieben Nächte und Tag,
Und graus'ger Eid in verzerrten Mienen lag –
        Erinnert sich
Der Ulmenwald an manche blutige Bartgestalt?

Die versengte Flagge mit verdüsterten Sternen,
    Unsere Stärke still lenkend, stets war unsre Hut,
(Und sie ist auch niemals gefallen!) –
    Sie schürte der nachrückenden Feinde Wut;
Bis besonnen unser Abzug begann
    An jenem Hang, geordnet die Geschütze gut;
Ein Rückzug war's, nicht der Feinde Siegen;
Doch ach, wie viele blieben hier liegen! –
        Erinnert sich
Der Malvern-Hügel, in Brüten, Gegrübel?

We elms of Malvern Hill
        Remember everything;
But sap the twig will fill:
Wag the world how it will,
        Leaves must be green in Spring.

Wir Ulmen aus dem Malvern-Wald
Vergessen nichts;
Doch Saft steigt neu in die Zweige:
Wie die Welt sich auch dreh' und neige,
Ergrünen müssen im Lenz wir bald.

The House-Top

A Night Piece (JULY, 1863)

No sleep. The sultriness pervades the air
And binds the brain – a dense oppression, such
As tawny tigers feel in matted shades,
Vexing their blood and making apt for ravage.
Beneath the stars the roofy desert spreads
Vacant as Libya. All is hushed near by.
Yet fitfully from far breaks a mixed surf
Of muffled sound, the Atheist roar of riot.
Yonder, where parching Sirius set in drought,
Balefully glares red Arson – there – and there.
The Town is taken by its rats – ship-rats
And rats of the wharves. All civil charms
And priestly spells which late held hearts in awe –
Fear-bound, subjected to a better sway
Than sway of self; these like a dream dissolve,
And man rebounds whole aeons back in nature.
Hail to the low dull rumble, dull and dead,
And ponderous drag that shakes the wall.
Wise Draco comes, deep in the midnight roll
Of black artillery; he comes, though late;
In code corroborating Calvin's creed
And cynic tyrannies of honest kings;
He comes, nor parlies; and the Town, redeemed,
Gives thanks devout; nor, being thankful, heeds
The grimy slur on the Republic's faith implied,
Which holds that Man is naturally good,
And – more – is Nature's Roman, never to be scourged.

Auf dem Dach

Ein Nachtstück (Juli 1863)

Kein Schlaf. Die Schwüle schwängert die Luft
Und bedrückt den Verstand – ein dumpfer Druck, wie
Ihn der lohfarbne Tiger fühlt im dämmrigen Schatten,
Das Blut aufwühlend und stachelnd zum Raub.
Unter den Sternen breitet sich die Wüste der Dächer,
Öde wie Lybien. Alles ist ruhig nahbei.
Doch manchmal brandet herüber von fern
Dumpfes Lärmen, der Gottlosen Toben im Aufstand.
Drüben, wo der sengende Sirius Dürre gebracht,
Leuchten unheilvoll rot der Brandstifter Feuer, dort – und dort.
Die Stadt wird genommen von ihren Ratten – Schiffsratten
Und Ratten der Kais. Aller Bann des Staates und Zauber
Der Priester, noch gestern in Ehrfurcht haltend die Herzen,
Ängstlich, einer stärkeren Herrschaft unterworfen
Als der des Selbst, sie lösen sich auf wie ein Traum
Und der Mensch fällt ganze Äonen zurück in der Natur.
Heil dem tiefdumpfen Grollen, dumpf und tot,
Und dem schweren Schleifen, das die Mauern erbeben lässt.
Der weise Drako kommt, tief im mitternächtlichen Dröhnen
Schwarzer Geschütze; er kommt, wenn auch spät;
Im Buchstaben bekräftigend den Glauben Calvins
Und die zynische Tyrannei aufrechter Könige;
Er kommt, verhandelt nicht; und die Stadt, ausgelöst,
Bedankt sich innig, doch beachtet, dankbar, nicht
Den darin enthaltenen Makel am Glauben der Republik,
Welcher meint, der Mensch sei von Natur aus gut
Und – mehr noch – der Natur Römer und zu züchtigen nie.

The Swamp Angel

There is a coal-black Angel
  With a thick Afric lip,
And he dwells (like the hunted and harried)
  In a swamp where the green frogs dip.
But his face is against a City
  Which is over a bay of the sea,
And he breathes with a breath that is blastment,
  And dooms by a far decree.

By night there is fear in the City,
  Through the darkness a star soareth on;
There's a scream that screams up to the zenith,
  Then the poise of a meteor lone –
Lighting far the pale fright of the faces,
  And downward the coming is seen;
Then the rush, and the burst, and the havoc,
  And wails and shrieks between.

It comes like the thief in the gloaming;
  It comes, and none may foretell
The place of the coming – the glaring;
  They live in a sleepless spell
That wizens, and withers, and whitens;
  It ages the young, and the bloom
Of the maiden is ashes of roses –
  The Swamp Angel broods in his gloom.
Swift is his messengers' going,
  But slowly he saps their halls,
As if by delay deluding.
  They move from their crumbling walls
Farther and farther away;
  But the Angel sends after and after,
By night with the flame of his ray –
  By night with the voice of his screaming –

Der Sumpf-Engel

Es gibt einen kohlschwarzen Engel
    Mit dick-afrikanischem Mund,
Er haust im Sumpf (wie die armen Gequälten),
    Wo die Frösche tauchen zum Grund.
Doch den Blick hat zur Stadt er gerichtet,
    Die da über der Bucht drüben liegt,
Und er faucht den Hauch der Vernichtung,
    Mit dem von fern er Unheil verfügt.

Angst herrscht des Nachts in der Stadt,
    Ein Stern steigt im Dunkeln empor
Und erreicht mit dem Heulen den Zenith,
    Dann schwebt einsam ein Meteor,
Von fern bleichen Schrecken beleuchtend,
    Dann sieht man herunter ihn jagen,
Dann das Sausen, das Krachen, die Vernichtung,
    Durchdrungen von Schreien und Wehklagen.

Er kommt wie ein Dieb stets beim Dämmern;
    Keiner kann, wenn er kommt, angeben
Den Ort seines Kommens – den Aufschlag;
    Mit dem ständigen Fluch müssen sie leben,
In dem sie verwelken, verdorren, verbleichen,
    Er lässt Junge altern, Mädchen verblühen
Zu Resten gleich Asche von Rosen –
    Der Sumpf-Engel brütet in düsterem Glühen.
Er kündigt sich immer sehr früh an,
    Doch lässt er Zeit dann verstreichen,
Als wollt' er sie täuschen damit.
    Wie die Mauern bröckeln, so weichen
Sie mehr noch und noch mehr zurück;
    Aber der Engel zerstört weiter und weiter,
In der Nacht mit seinem flammenden Blick –
    In der Nacht mit seiner Stimme, dem Heulen –

Sends after them, stone by stone,
  And farther walls fall, farther portals,
And weed follows weed through the Town.

Is this the proud City? the scorner
  Which never would yield the ground?
Which mocked at the coal-black Angel?
  The cup of despair goes round.
Vainly he calls upon Michael
  (The white man's seraph was he,)
For Michael has fled from his tower
  To the Angel over the sea.
Who weeps for the woeful City
  Let him weep for our guilty kind;
Who joys at her wild despairing –
Christ, the Forgiver, convert his mind.

Zerstört ihnen Stein um Stein,
    Und die Häuser und Tore fallen weiter,
Und Stadtteil für Stadtteil fällt ein.

Ist's die Stadt noch der Stolzen, der Spötter,
    Die zu weichen nicht waren bereit?
Die verhöhnten den kohlschwarzen Engel?
    Ein jeder hat Teil nun am Leid.
Und herbei fleht man Michael vergebens
    (Des weißen Manns Engel war er),
Doch ist der seinem Turm nun entflohen
    Zum Sumpf-Engel über das Meer.
Wer Tränen vergießt für die elende Stadt
    Soll weinen für unser schuldig Geschlecht;
Wer sich freut an ihrer Verzweiflung –
    Christ mög' vergeben und leiten ihn recht.

In the Prison Pen

Listless he eyes the palisades
  And sentries in the glare;
'Tis barren as a pelican-beach
  But his world is ended there.

Nothing to do; and vacant hands
  Bring on the idiot-pain;
He tries to think – to recollect,
  But the blur is on his brain.

Around him swarm the plaining ghosts
  Like those on Virgil's shore –
A wilderness of faces dim,
  And pale ones gashed and hoar.

A smiting sun. No shed, no tree;
  He totters to his lair –
A den that sick hands dug in earth
  Ere famine wasted there,

Or, dropping in his place, he swoons,
  Walled in by throngs that press,
Till forth from the throngs they bear him dead –
  Dead in his meagerness.

Im Gefangenenlager

Anteilslos beäugt er Palisaden und Posten,
   Auf die grell das Sonnenlicht fällt;
Öd ist's und kahl wie ein Pelikan-Strand –
   Doch hier ist das End' seiner Welt.

Nichts zu tun; und des Schwachsinns Pein
   Geht einher mit untätiger Hand;
Er versucht zu denken – sich zu erinnern,
   Doch dunkel bleibt sein Verstand.

Um ihn drängen abstumpfende Geister,
   Jenen an Vergils Küste gleich –
Eine Wildnis düst'rer grauer Gesichter,
   Blutig von Wunden und bleich.

Quälende Sonn', kein Schatten, kein Baum;
   Er wankt zu seiner Lagerstatt –
Ein Loch, gegraben, krank, mit Händen,
   Damals, als man noch wurd' satt,

Oder sinkt ohnmächtig hin auf der Stell,
   Als ob das Gedränge erdrückt ihn hätt'
Und tot bergen sie ihn aus der Meng' –
   Tot, abgemagert zum Skelett.

The College Colonel

He rides at their head;
  A crutch by his saddle just slants in view,
One slung arm is in splints, you see,
  Yet he guides his strong steed – how coldly too.

He brings his regiment home –
  Not as they filed two years before,
But a remnant half-tattered, and battered, and worn,
Like castaway sailors, who – stunned
  By the surf's loud roar,
  Their mates dragged back and seen no more –
Again and again breast the surge,
  And at last crawl, spent, to shore.

A still rigidity and pale –
  An Indian aloofness lones his brow;
He has lived a thousand years
Compressed in battle's pains and prayers,
  Marches and watches slow.

There are welcoming shouts, and flags;
  Old men off hat to the Boy,
Wreaths from gay balconies fall at his feet,
But to *him* – there comes alloy.

It is not that a leg is lost,
  It is not that an arm is maimed,
It is not that the fever has racked –
  Self he has long disclaimed.

But all through the Seven Days' Fight,
  And deep in the Wilderness grim,
And in the field-hospital tent,
  And Petersburg crater, and dim
Lean brooding in Libby, there came –
  Ah heaven! – what *truth* to him.

Der junge Oberst

Er reitet ihnen voran;
  Die Krücke am Sattel bemerkt man kaum,
Den Arm in der Schlinge geschient, man sieht's,
  Doch ungerührt hält er sein Ross fest im Zaum.

Er bringt sein Regiment heim –
  Nicht wie beim Abmarsch zwei Jahre zuvor,
Ein Rest jetzt, in Fetzen, zerschlagen, verbraucht,
Gleich Schiffsbrüchigen, die – betäubt
  Von der Brandung Brüllen im Ohr,
  Mit Kameraden, die tauchten nicht wieder hervor –
Gegen Wogen ankämpfen, wieder und wieder,
  Und erschöpft dann kriechen den Strand empor.

Mit ruhiger Strenge und blass –
  Die Stirn von stoischem Gleichmut umweht;
Tausend Jahre lang hat er gelebt,
In den Qualen der Schlachten, auf Märschen,
  Auf endlosen Wachen und im Gebet.

Man ruft Willkommen und Fahnen grüßen,
  Alte ziehen vor dem jungen den Hut,
Von bunten Balkonen fallen ihm Kränze zu Füßen,
  In *ihm* aber – wächst der Unmut.

Es ist nicht das verlorene Bein,
  Nicht das Fieber, das ihn hat verzehrt,
Es ist nicht der zertrümmerte Arm –
  Er selbst ist sich lang nichts mehr wert.

Doch als die Sieben-Tag-Schlacht nahm ihren Lauf,
  Und tief im Graus des Wilderness-Walds,
Und als er wachte im Feldhospital auf,
  Und im Petersburg-Krater, im Brutkasten
Von Libby, düster und eng, gingen ihm –
  Himmel – was für *Wahrheiten* auf.

The Fall of Richmond

the tidings received in the Northern metropolis
(APRIL, 1865)

What mean these peals from every tower,
    And crowds like seas that sway?
The cannon reply; they speak the heart
    Of the People impassioned, and say—
A city in Hags for a city in flames,
    Richmond goes Babylon's way–
        Sing and pray.

O weary years and woeful wars,
    And armies in the grave;
But hearts unquelled at last deter
The helmed dilated Lucifer–
    Honor to Grant the brave,
Whose three stars now like Orion's rise
    When wreck is on the wave
        Bless his glaive.

Well that the faith we firmly kept,
    And never our aim forswore
For the Terrors that trooped from each recess
When fainting we fought in the Wilderness,
    And Hell made loud hurrah;
But God is in Heaven, and Grant in the Town,
    And Right through might is Law
        God's way adore.

Der Fall von Richmond

Nachrichten im Metropolis des Nordens
(April 1865)

Was bedeuten das Geläut von jedem Turm,
    Die Menschenmengen wie wogende Seen?
Die Kanone spricht, und den Menschen,
    Erregt, zu Herzen ihre Antworten gehen:
Eine Stadt in Flaggen zur Stadt in Flammen,
    Richmond nun Babels Weg geht –
        Betet und fleht!

Oh, traurige Jahre, Jahre voll Kummer
    Und manch eine Armee nun im Grab;
Doch aufrechte Herzen hielten zuletzt
Den behelmt ausschwärmenden Luzifer ab –
    Ehre dem tapferen Grant,
Dessen Stern' wie die Orions steigen,
    Da Trümmer sich auf den Wellen bewegen –
        Gesegnet sein Degen!

Gut, dass am Glauben wir hielten fest
    Und unseren Zielen nie schworen ab,
Jedes Weichen den Terror ermutigt hatt',
Als wir in der Wilderness fochten matt
    Und die Hölle rief laut ihr Hurra;
Aber Gott ist im Himmel und Grant in der Stadt,
    Gesetz ist Recht, durch Macht erwiesen –
        Gottes Wille sei gepriesen!

The Released Rebel Prisoner
(JUNE, 1865)

Armies he's seen – the herds of war,
  But never such swarms of men
As now in the Nineveh of the North –
  How mad the Rebellion then!

And yet but dimly he divines
  The depth of that deceit,
And superstition of vast pride
  Humbled to such defeat.

Seductive shone the Chiefs in arms –
  His steel the nearest magnet drew;
Wreathed with its kind, the Gulf-weed drives –
  'Tis Nature's wrong they rue.

His face is hidden in his beard,
  But his heart peers out at eye –
And such a heart! like a mountain-pool
  Where no man passes by.

He thinks of Hill – a brave soul gone;
  And Ashby dead in pale disdain;
And Stuart with the Rupert-plume,
  Whose blue eye never shall laugh again.

He hears the drum; he sees our boys
From his wasted fields return;
Ladies feast them on strawberries,
  And even to kiss them yearn.

He marks them bronzed, in soldier-trim,
  The rifle proudly borne;
They bear it for an heirloom home,
  And he – disarmed – jail-worn.

Home, home – his heart is full of it;
  But home he never shall see,

Der entlassene Südstaatler
(Juni 1865)

Armeen sah er, die Herden des Kriegs,
  Aber nie noch solche Menschenmassen
Wie jetzt in des Nordens Niniveh –
  Die Rebellion – kaum mehr zu fassen!

Und jetzt – noch dunkel – er erahnt
  Der Täuschung ganze Tragweit',
Den Aberglauben vermessenen Stolz',
  Gedemütigt im verlorenen Streit.

Verlockend glänzten in Waffen die Führer –
  Stahl zog die näh'sten Magneten an;
In sich verschlungen Seetang treibt –
  Sie bereuen nun, wofür Natur nur kann.

Sein Gesicht ist verborgen hinter dem Bart,
  Doch sieht man ins Herz dem Mann –
Und welch ein Herz! Einem Gebirgsteich gleich,
  An dem niemand vorbeigehen kann.

Er denkt an Hill – die tapfre Seel', dahin,
  Wie Ashby, in bleichem Hochmut der,
Und an Stuart mit der Feder am Hut,
  Seine blaue Augen, sie lachen nie mehr.

Er hört die Trommel; sieht zurück unsre Jungs
  Aus seinem verwüsteten Land gelangen,
Und Damen, die sie mit Erdbeeren ergötzen
  Und heimlich nach ihrem Kuss verlangen.

Gebräunt sieht er sie, in Soldatentracht,
  Und stolz tragen sie bei sich ihr Gewehr,
Sie tragen's als künftiges Erbstück heim
– Entwaffnet, müd von Gefangenschaft er.

Heim, nach Haus' – sein Herz ist voll davon:
  Aber nie mehr wird er dahin gelangen

Even should he stand upon the spot:
  'Tis gone! – where his brothers be.

The cypress-moss from tree to tree
  Hangs in his Southern land;
As weird, from thought to thought of his
  Run memories hand in hand.

And so he lingers – lingers on
  In the City of the Foe –
His cousins and his countrymen
  Who see him listless go.

Und stünd' er selbst mittendrin,
   Dahin – mit seinen Brüdern gegangen!

Das Zypressen-Moos hängt von Baum
   Zu Baum in seinem südlichen Land,
Und traurig gehen all seine Gedanken
   Mit Erinnerungen Hand in Hand.

Und so lungert er – lungert er weiter herum
   In seiner Feinde Stadt –
Seine Landsleut' und Vettern,
   Sie sehen ihn gehen, teilnahmslos und matt.

A Grave near Petersburg, Virginia

Head-board and foot-board duly placed –
  Grassed is the mound between;
Daniel Drouth is the slumberer's name –
  Long may his grave be green!

Quick was his way – a flash and a blow,
  Full of his fire was he
A fire of hell – 'tis burnt out now –
  Green may his grave long be!

May his grave be green, though he
  Was a rebel of iron mould:
Many a true heart – true to the Cause,
  Though the blaze of his wrath lies cold.

May his grave be green – still green
  While happy years shall run;
May none come nigh to disinter
  The – *Buried Gun*.

Ein Grab nahe Petersburg, Virginia

Ordentlich unten und oben das Brett –
    Dazwischen grasbedeckt die Erd’;
Daniel Drouth des Schläfers Nam’ –
    Dass sein Grab stets grünen werd’!

’s ging sehr schnell – ein Blitz, ein Schlag,
    Voll schrecklichem Feuer er war –
Ein Höllenfeuer – ’s hat ausgebrannt –
    Sein Grab sei grün immerdar!

Mög’ sein Grab sein grün, auch wenn
    Ein Rebell er war aus eisernem Guss:
Ein treues Herz – treu seiner Sach’,
    Doch sein Zorn nun ruhen muss.

Mög’ sein Grab sein grün– immer grün,
    Wenn glückliche Jahre eilen davon;
Doch komm keiner nah auszugraben
    Die – *vergrabene Kanon.*

"Formerly a Slave"

An idealized Portrait, by E. Vedder, in the Spring
Exhibition of the National Academy,
1865

The sufferance of her race is shown,
  And retrospect of life,
Which now too late deliverance dawns upon;
  Yet is she not at strife.

Her children's children they shall know
  The good withheld from her;
And so her reverie takes prophetic cheer –
  In spirit she sees the stir.

Far down the depth of thousand years,
  And marks the revel shine;
Her dusky face is lit with sober light,
  Sibylline, yet benign.

,Ehemals eine Sklavin'

Ein idealisiertes Porträt, gemalt von E. Vedder,
auf der Frühjahrsausstellung der Nationalakademie, 1865

Das Dulden ihrer Rasse ist zu sehen,
    Ein Leben steht im Licht,
Dem nun zu spät Erlösung naht;
    Doch hadert sie nicht.

Ihre Kindeskinder sollen kennen einst,
    Was sie nie durft' erfahren;
Prophetisch heiter wird ihr Träumen –
    Bis in die Ferne von tausend Jahren

Sieht sie den Gang der Dinge im Geist
    Und zeigt den freudigen Glanz;
Ihr dunkles Antlitz nüchtern strahlt,
    Rätselhaft, doch voll Güte ganz.

America

I
Where the wings of a sunny Dome expand
I saw a Banner in gladsome air –
Starry, like Berenice's Hair –
Afloat in broadened bravery there;
With undulating long-drawn flow,
As tolled Brazilian billows go
Voluminously o'er the Line.
The Land reposed in peace below;
  The children in their glee
Were folded to the exulting heart
  Of young Maternity.

II
Later, and it streamed in fight
  When tempest mingled with the fray,
And over the spear-point of the shaft
  I saw the ambiguous lightning play.
Valor with Valor strove, and died:
Fierce was Despair, and cruel was Pride;
And the lorn Mother speechless stood,
Pale at the fury of her brood.

III
Yet later, and the silk did wind
  Her fair cold form;
Little availed the shining shroud,
  Though ruddy in hue, to cheer or warm.
A watcher looked upon her low, and said –
She sleeps, but sleeps, she is not dead.
  But in that sleeps contortion showed
The terror of the vision there –
  A silent vision unavowed,
Revealing earth's foundation bare,
  And Gorgon in her hidden place.

Amerika

I
Wo sich der sonnige Himmelsdom spannt,
Eine Fahn', in freudigen Lüften gewiegt –
Wie das Haar Berenices sternengeschmückt –
Überflutet von Kühnheit, hab ich erblickt,
In wogendem, lang gezogenem Wehen,
Wie rollende brasilianische Wellen gehen,
Sich hebend über der Kimm.
Das Land darunter, in Frieden erholt:
  Die Kinder in ihrer Freud' beglückt
Von junger Mutterschaft
  Ans jubelnde Herz gedrückt.

II
Später, und es wehte die Flagge im Kampf,
  Als Sturm sich mischt' mit Gewühl,
Sah ich über der Speerspitz' am Schaft
  Der Blitze zweideutiges Spiel.
Mut stritt mit Mut und verdarb:
Grausam ward Stolz, Grimm zu Verzweiflung erstarb;
Und die verlassene Mutter der Brut
Stand sprachlos, blass über die Wut.

III
Noch später, und die kalte, edle Gestalt
  War von der Seide umwunden;
Kaum aber half ihr das strahlende Tuch,
  Trotz lebhafter Farb', zu gesunden.
Sprach ein Seher, blickt auf sie am Boden:
Sie schläft, schläft nur, ist nicht bei den Toten.
  Aber des Schlafes Krampf offenbart'
Des Traums stumm-grausiges Bild,
  Die Schrecken, die sie schlafend gewahrt',
Enthüllend der Erde nackte Schründ'
  Und Gorgons verborgenen Sitz.

It was a thing of fear to see
  So foul a dream upon so fair a face,
And the dreamer lying in that starry shroud.

IV

But from the trance she sudden broke –
  The trance, or death into promoted life;
At her feet a shivered yoke,
And in her aspect turned to heaven
  No trace of passion or of strife –
A clear calm look. It spake of pain,
But such as purifies from stain –
Sharp pangs that never come again –
  And triumph repressed by knowledge meet,
Power dedicate, and hope grown wise,
  And youth matured for age's seat –
Law on her brow and empire in her eyes.
  So she, with graver air and lifted flag;
While the shadow, chased by light,
Fled along the far-drawn height,
  And left her on the crag.

’s war furchtbar zu sehn
  So üblen Traum auf so edlem Antlitz
Und die Schlafende in dem besternten Tuch.

IV
Aus der Starre aber erhob sie sich doch –
  Aus der Starrheit, aus Tod, zum Leben neu;
Ihr zu Füßen nun das zersplittert Joch,
Und ihr zum Himmel gewandter Blick
  War von Hader, von Zorn völlig frei –
Ein Blick, ruhig und klar. Er sprach von Schmerz,
Aber solchem, der reinigt und klärt –
Schneidender Qual, die nie wiederkehrt –
  Von Triumph, durch Erfahrung genährt,
Von Hoffen, das weis’ nun, Macht, die geweiht,
  Und von Jugend, zum Sitz des Alters bereit –
Auf der Stirn Gesetz, in der Mien’ Hoheit.
  So steht sie mit der Fahn’, mit ernsterem Blick;
Und der Schatten, verfolgt vom Licht übers Land
Entlang der weiten Höhen entschwand,
  Und sie blieb auf der Klippe zurück.

On the Home Guards

who perished in the defense of
Lexington, Missouri

The men who here in harness died
  Fell not in vain, though in defeat.
They by their end well fortified
  The Cause, and built retreat
(Wich memory of their valor tried)
For emulous in many an after fray –
Hearts sore beset, which died at bay.

Über die Bürgerwehr

die unterging bei der Verteidigung von
Lexington, Missouri

Die Männer, die hier starben in den Sielen elend,
  Fielen nicht umsonst, auch wenn unterlegen.
Und erst recht bestärkten sie durch ihr End'
  Ihre Sach', schufen der Zuflucht Segen
(Erinnernd an ihren bewährten Mut)
In manch späterem Streit durch Nacheiferer noch –
Wunde, bedrängte Herzen, die starben im Joch.

Inscription

for the Graves at Pea Ridge, Arkansas

Let none misgive we died amiss
    When here we strove in furious fight:
Furious it was; nathless was this
    Better than tranquil plight,
And tame surrender of the Cause
Hallowed by hearts and by the laws.
    We here who warred for Man and Right,
The choice of warring never laid with us.
    There we were ruled by the traitor's choice.
    Nor long we stood to trim and poise,
But marched and fell – victorious!

Inschrift

für die Gräber bei Pea Ridge, Arkansas

Möge keiner unsern Tod als verfehlt ansehen,
    Wenn das rasend' Gefecht wir überstanden nicht:
Rasend war's; doch weniger zu umgehen
    Als die gelassene Erfüllung der Pflicht
Und die zahme Aufgabe der Sach',
In den Herzen geheiligt und durchs Gesetz.
    Uns, die wir fochten für Menschheit und Recht,
War nie dort die Wahl zum Kämpfen gegeben.
    Des Verräters Wahl bestimmt' unser Walten.
    Wir standen nicht lang, die Schwebe zu halten,
Doch wir kämpften – und gaben siegreich das Leben.

The Fortitude of the North
under the disaster of the Second Manassas

They take no shame for dark defeat
  While prizing yet each victory won,
Who fight for the Right through all retreat,
  Nor pause until their work is done.

The Cape-of-Storms is proof to every throe;
  Vainly against that foreland beat
Wild winds aloft and wilder waves below:
The black cliffs gleam through rents in sleet
When the livid Antarctic storm-clouds glow.

Des Nordens Standhaftigkeit
nach dem Desaster des zweiten Manassas

Finstre Niederlag' wird nicht jenen zur Schand',
  Die – eben noch preisend jede gewonnene Schlacht –
Für's Recht, selbst bedrängt, erheben die Hand,
  Auch nicht enden, bevor ihr Werk ist vollbracht.

Gefeit ist das Sturmkap gegen jegliche Weh'n;
  Auf die Landspitze rennen vergeblich ein
Oben wilde Stürm, drunten noch wildere Seen:
Durch Eisschauer schimmert das schwarze Gestein,
Wenn drüber fahle antarktische Sturmwolken gehen.

An Epitaph

When Sunday tidings from the front
    Made pale the priest and people,
And heavily the blessing went,
    And bells were dumb in the steeple;
The Soldier's widow (summering sweetly here,
    In shade by waving beeches lent)
    Felt deep at heart her faith content,
And priest and people borrowed of her cheer.

Ein Epitaph

Wenn sonntags Gemeinde und Priester
    Erblichen übers Neueste vom Krieg
Und schwerer dann der Segen wog,
    Das Geläut im Turme schwieg:
Des Soldaten Witwe (sommers lieber Gast,
    Gelehnt in den Schatten wogender Buchen)
    Fühlt' tief, dass ihr innerster Glaube nicht trog –
Und ihr Jubel mindert' der anderen Last.

The Mound by the Lake

The grass shall never forget this grave.
When homeward footing it in the sun
    After the weary ride by rail,
The stripling soldiers passed her door,
    Wounded perchance, or wan and pale,
She left her household work undone –
Duly the wayside table spread,
    With evergreens shaded, to regale
Each travel-spent and grateful one.
So warm her heart – childless – unwed,
Who like a mother comforted.

The grass shall never forget this grave.

Der Erdhügel am See

Und immer sei grün dieses Grab.
Wenn, ermüdet von der Fahrt mit der Bahn,
    Dem Heimweg zu Fuß in der Sonne zugleich,
An ihrer Tür kamen junge Soldaten vorbei,
    Verwundet vielleicht oder blass und bleich,
Ließ die Hausarbeit sie ungetan,
Deckt' gehörig den Tisch vor dem Haus,
    Im Immergrün-Schatten, zu bewirten reich
Jeden wegemüden und dankbaren Mann.
So warm ihr Herz – ledig – kinderlos,
Die tröstet' wie sonst eine Mutter bloß.

On the Slain at Chickamauga

Happy are they and charmed in life
    Who through long wars arrive unscarred
At peace. To such the wreath be given,
If they unfalteringly have striven –
    In honor, as in limb, unmarred.
Let cheerful praise be rife,
    And let them live their years at ease,
Musing on brothers who victorious died –
    Loved mates whose memory shall ever please.

And yet mischance is honorable too –
    Seeming defeat in conflict justified
Whose end to closing eyes is hid from view.
The will, that never can relent –
The aim, survivor of the bafflement,
    Make this memorial due.

Den Erschlagenen bei Chickamauga

Glücklich sind und gesegnet vom Leben
    Die nach schwerem Krieg unversehrt erlangen
Den Frieden. Der Kranz sei ihnen zuteil,
Wenn sie – an Leib und Ehre heil –
    Standhaft durch die Kämpfe gegangen.
Lasst die Stimm' zu ihrem Lob uns erheben
    Und mög' ihnen leicht sein die Zeit,
An Brüder denkend, die siegreich gefallen,
    Kameraden, deren Gedenken erfreut.

Und doch ist Unglück gleichfalls zu ehren –
    Im gebilligten Streit scheinbar unterlegen,
Des End' zu sehn brechende Augen verwehren.
Der Wille, der nie wurd' erweicht,
Das Ziel, jenseits des Staunens erreicht –
    Immer soll das Andenken währen.

An Uninscribed Monument

on one of the Battle-fields of the Wilderness

Silence and solitude may hint
  (Whose home is in yon piney wood)
What I, though tableted, could never tell –
The din which here befell,
  And striving of the multitude.
The iron cones and spheres of death
  Set round me in their rust,
    These, too, if just,
Shall speak with more than animated breath.
  Thou who beholdest, if thy thought,
Not narrowed down to personal cheer,
Take in the import of the quiet here –
  The after-quiet – the calm full fraught;
Thou too wilt silent stand –
Silent as I, and lonesome as the land.

Ein Monument ohne Inschrift

an einem der Wilderness-Schlachtfelder

Hervorgegangen aus jenem Pinienwald,
  Mögen sprechen die Stille und Einsamkeit
Von dem, was zu erzählen ich nicht vermag –
Vom Waffenlärm, der überm Wald einst lag,
  Vom Kämpfen vor nicht zu langer Zeit.
Mit mehr als beseeltem Atem sprecht,
  Ihr Geschosse des Todes, eisern und schwer,
    In euerm Rost aufgebaut um mich her,
Sprecht auch ihr, sofern ihr gerecht.
  Doch wer's je erfasst, wenn er's bedacht,
Nicht befangen in enger eigener Sicht,
Verkannt' die Bedeutung der Stille nicht –
  Die beladene Ruh' – die Ruh' nach der Schlacht;
Und auch er dann still stand –
Still wie ich und einsam wie's Land.

On Sherman's Men

who fell in the assault of Kenesaw Mountain,
Georgia

They said that Fame her clarion dropped
    Because great deeds were done no more
That even Duty knew no shining ends,
And Glory – 'twas a fallen star!
    But battle can heroes and bards restore.
        Nay, look at Kenesaw:
Perils the mailed ones never knew
Are lightly braved by the ragged coats of blue,
And gentler hearts are bared to deadlier war.

Shermans Männern

gefallen beim Sturmangriff am Mount Kenesaw,
Georgia

Es heißt, des Ruhmes Schall sei verklungen,
    Da niemand mehr große Taten vollbringt,
Da Pflicht nie gerät ins strahlende Licht,
Und der Glorie Stern leuchtet' länger nicht!
    Doch nach Schlachten ein Barde Helden besingt.
        Nein, zum Kenesaw seht:
Besser Gewappneten nie bekannter Gefahr
Stellten leicht sich zerlumpte Blauröck' entgegen
Und tödlicherem Krieg boten edlere Herzen sich dar.

On the Grave of a Young Cavalry Officer
killed in the Valley of Virginia

Beauty and youth, with manners sweet, and friends –
  Gold, yet a mind not unenriched had he
Whom here low violets veil from eyes.
  But all these gifts transcended be:
His happier fortune in this mound you see.

Auf das Grab eines jungen Kavallerieoffiziers
gefallen im Tal von Virginia

Schönheit, Jugend, angenehme Manieren, und Freund' –
  Geld, auch Geist, reich und geschwind,
Hatt' er, den niedere Veilchen hier verbergen dem Blick.
  Doch all diese Gaben übertroffen nun sind:
Sein besser's Geschick in diesem Hügel man find'.

A Meditation

How often in the years that close,
    When truce had stilled the sieging gun,
The soldiers, mounting on their works,
    With mutual curious glance have run
From face to face along the fronting show,
And kinsman spied, or friend – even in a foe.

What thoughts conflicting then were shared,
    While sacred tenderness perforce
Welled from the heart and wet the eye;
    And something of a strange remorse
Rebelled against the sanctioned sin of blood,
And Christian wars of natural brotherhood.

Then stirred the god within the breast –
    The witness that is man's at birth;
A deep misgiving undermined
    Each plea and subterfuge of earth;
They felt in that rapt pause, with warning rife,
Horror and anguish for the civil strife.

Of North or South they reeked not then,
    Warm passion cursed the cause of war:
Can Africa pay back this blood
    Spilt on Potomac's shore?
Yet doubts, as pangs, were vain the strife to stay,
And hands that fain had clasped again could slay.

How frequent in the camp was seen
    The herald from the hostile one,
A guest and frank companion there
    When the proud formal talk was done;
The pipe of peace was smoked even 'mid the war,
And fields in Mexico again fought o'er.

In Western battle long they lay
    So near opposed in trench or pit,

Eine Meditation

Wie oft in den sich neigenden Jahren,
      Wenn die Kanonen geschwiegen zur Waffenruh',
Warfen Soldaten, sich wieder ans Werk begebend,
      Einander neugierig Blicke zu
Von Gesicht zu Gesicht, erspähten Angehörige, Freund
In den Reihen gegenüber – selbst in einem Feind.

Wie machten sich zwiespältige Gedanken breit,
      Als heilige Milde die Herzen zerriss,
Unweigerlich Tränen trieb in die Augen,
      Und etwas wie seltsame Gewissensbiss'
Gegen die gebilligte Sünde des Bluts rebelliert',
Den Christen-Krieg, den Bruder gen Bruder führt.

Da rührt' sich ein Göttliches in ihrer Brust –
      Wissen, das Menschen von Geburt zugehört;
Und alle Vorwände, alle Ausreden der Welt,
      Wurden von tieferer Ahnung zerstört;
Sie fühlten, im Zwiespalt, in dieser kurzen Zeit
Erschrecken und Schmerz über ihren Streit.

Man roch ihnen nicht an, ob Norden, ob Süden,
      Warms Fühlen flucht' dem Kriegsgrund dann:
Kann Afrika jemals vergelten das Blut,
      Das an des Potomacs Ufern verrann?
Doch Zweifel, wie Stiche, nicht enden den Zwist,
Die Hand zum Grüßen wie zum Töten zu brauchen ist.

Wie wurde in den Lagern häufig und gern
      Der Herold der feindlichen Seite gesehen,
Ein Gast und freimütiger Gefährte dort,
      Wenn das stolze förmliche Reden geschehen;
Und die Friedenspfeife ging herum im Krieg,
Und auf's Neu' wurd' in Mexiko gekämpft bis zum Sieg.

Sie lagen sich gegenüber in der westlichen Schlacht
      In Gräben und Löchern, einander nicht fern,

That foeman unto foeman called
    As men who screened in tavern sit:
"You bravely fight" each to the other said –
"Toss us a biscuit!" o'er the wall it sped.

And pale on those same slopes, a boy –
    A stormer, bled in noon-day glare;
No aid the Blue-coats then could bring,
    He cried to them who nearest were,
And out there came 'mid howling shot and shell
A daring foe who him befriended well.

Mark the great Captains on both sides,
    The soldiers with the broad renown –
They all were messmates on the Hudson's marge,
    Beneath one roof they laid them down;
And, free from hate in many an after pass,
Strove as in school-boy rivalry of the class.

A darker side there is; but doubt
    In Nature's charity hovers there:
If men for new agreement yearn,
    Then old upbraiding best forbear:
"The South's the sinner!" Well, so let it be;
But shall the North sin worse, and stand the Pharisee?

O, now that brave men yield the sword,
    Mine be the manful soldier-view;
By how much more they boldly warred,
    By so much more is mercy due:
When Vicksburg fell, and the moody files marched out,
Silent the victors stood, scorning to raise a shout.

Dass man sich über die Wälle hinweg unterhielt
    Wie Männer, beschirmt, in einer Tavern':
„Tapfer kämpft ihr“, ruft einer dem anderen zu,
„Wirf 'n Biskuit rüber!“, kommt die Antwort im Nu.

Und bleich an diesen selben Wällen ein Junge
    Vom Sturmtrupp in der Mittagssonn' blutet' –
Kein Blaurock konnt' ihm Hilfe leisten,
    So schrie er nach denen, die nah er vermutet',
Und seine Feinde kamen heraus voll Mut,
Bei Schüssen, Granaten, und versorgten ihn gut.

Man betrachte die Führer auf jeder Seit',
    Große Soldaten, denen Ruhm vorauseilt –
Am Hudson schliefen sie unter einem Dach,
    Hatten das Mahl miteinander geteilt;
Und wie sich Schuljungen messen in ihrer Klass'
kämpften sie später ohne jeglichen Hass.

Es gibt eine dunklere Seite; doch stellt sich
    Die natürliche Barmherzigkeit dann in Frage,
Wenn man sich neu nach Einigung sehnt
    Und voraussehen kann die alte Anklage:
„Der Süden ist schuld!“ Nun gut, mag 's sein bis daher –
Sündigte nicht auch der Norden, gilt der Pharisäer?

Oh, mein sei die mannhafte soldatische Sicht,
    Nun, da die Tapferen ernten das Schwert;
Doch je kühner sie kämpften,
    Umso mehr sind der Gnade sie wert:
Als Vicksburg fiel und trübsinnig traten die Reihen heraus,
Standen die Sieger stumm, brach kein Jubel aus.

■Aus: John Marr and other Sailors – Sea Pieces

John Marr

Since as in night's deck-watch ye show,
Why, lads, so silent here to me,
Your watchmate of times long ago?

Once, for all the darkling sea,
You your voices raised how clearly,
Striking in when tempest sung;
Hoisting up the storm-sail cheerly,
'Life is storm – let storm!' you rung.
Taking things as fated merely,
Childlike though the world ye spanned;
Nor holding unto life too dearly,
Ye who held your lives in hand –
Skimmers, who on oceans four
Petrels were, and larks ashore.

O, not from memory lightly flung,
Forgot, like strains no more availing,
The heart to music haughtier strung;
Nay, frequent near me, never staleing,
Whose good feeling kept ye young.
Like tides that enter creek or stream,
Ye come, ye visit me, or seem
Swimming out from seas of faces,
Alien myriads memory traces,
To enfold me in a dream!

I yearn as ye. But rafts that strain,
Parted, shall they lock again?
Twined we were, entwined, then riven,
Ever to new embracements driven,
Shifting gulf–weed of the main!
And how if one here shift no more,
Lodged by the flinging surge ashore?

John Marr

Warum habt ihr so stumm euch gezeigt
Eurem Kameraden aus so langer Zeit,
Als zur Deckwach' ihr kamt, der Tag sich geneigt?

Einst habt ihr für die dunkelnde See
So klar und rein eure Stimmen erhoben,
Habt das Sturmsegel fröhlich aufgeheißt,
Seid eingefallen in der Stürme Toben;
‚Leben ist Sturm, lasst's stürmen!' sangt ihr,
Nahmt, was kam, dem Schicksal ergeben,
Wie Kinder, auch wenn die Welt ihr umspannt';
Ihr klammert' euch nicht zu sehr an das Leben,
Die euer Leben ihr hielt' in der Hand –
Die auf allen Meeren ihr Sturmvögel ward
Und Lerchen an Land.

Oh, so leicht nicht aus dem Sinn verloren
Und vergessen, wie Streben, das zu nichts führt',
Ist das Herz, das Musik sich hat erkoren;
Nein, lasset nicht nach und nahet mir oft,
Des' Denken und Fühlen euch neu geboren.
Ihr sucht mich auf, ihr kommt zu mir her,
Wie Gezeiten, die Ströme und Bäche füllen,
Oder taucht hervor aus der Gesichter Meer,
Aus Myriaden von Gedächtnisspuren,
Um mich in einen Traum zu hüllen.

Ich sehn mich wie ihr. Doch Flöß', überladen,
Entzwei, sollten sie wieder eins sein je?
Verflochten, entflochten, auseinander geraten,
Sind stets wir zu neuer Umarmung getrieben,
Gleich treibendem Tang in offener See!
Und was, wenn einer sich nicht mehr regt,
Von schleudernder Welle auf's Land gelegt?

Nor less, as now, in eve's decline,
Your shadowy fellowship is mine.
Ye float around me, form and feature: – –
Tattooings, ear-rings, love-locks curled;
Barbarians of man's simpler nature,
Unworldly servers of the world.
Yea, present all, and dear to me,
Though shades, or scouring China's sea.

Whither, whither, merchant-sailors,
Whitherward now in roaring gales?
Competing still, ye huntsman-whalers,
In leviathan's wake what boat prevails?
And man-of-war's men, whereaway?
If now no dinned drum beat to quarters
On the wilds of midnight waters – –
Foemen looming through the spray;
Do yet your gangway lanterns, streaming,
Vainly strive to pierce below,
When, tilted from the slant plank gleaming,
A brother you see to darkness go?

But, gunmates lashed in shotted canvas,
If where long watch-below ye keep,
Never the shrill "All hands up hammocks!"
Breaks the spell that charms your sleep,
And summoning trumps might vainly call,
And booming guns implore – –
A beat, a heart-beat musters all,
One heart-beat at heart-core.
It musters. But to clasp, retain;
To see you at the halyards main – –
To hear your chorus once again!

Nie minder als jetzt, wo die Nacht bricht herein,
Ist eurer Schatten Gesellschaft mein.
Gestalt und Wesen, umfließt mich nur: – –
Tattoos, Ohrring', Schmachtlocken, gedreht,
Barbaren, des Menschen schlicht're Natur,
Fremd der Welt, doch ihr dienende Knechte,
Ja, seid alle zugegen, mir sehr von Wert,
Obschon Schatten ihr seid oder Chinas See durchquert.

Wohin, wohin, ihr Handelsschiffsleut'
Im heulenden Sturm, mit welchem Ziel?
Und ihr, ihr Waljäger, im Wettstreit stets,
Wes' Boot obsiegt in des Leviathans Kiel?
Und ihr Kriegsmatrosen, wohin geht die Fahrt,
Auf der Wüste nächtlicher See, die euch trägt – –
Wenn Feind' durch die Gischt undeutlich gewahrt
Und die Trommel nun nicht die Stunde mehr schlägt?
Suchen eure Gangway-Laternen noch immer
In vergeblicher Müh' nach unten zu spähen,
Wenn, gekippt von schräger Planke Schimmer,
Einen Bruder ihr seht ins Dunkle gehen?

Doch, Kameraden, in mürbe Leinwand gezurrt,
Wo immer ihr Wache da drunten haltet,
Nie mehr das „Alle an Deck!"-Geschrei
Den Zauber bricht, der überm Schlaf euch waltet,
Euch rufen Trompeten vergebens herbei
Und umsonst der Geschützdonner fleht – –
Ein Schlag nur, ein Herzschlag ruft euch hervor,
Ein Herzschlag, der durch und durch geht,
Ruft – oh, nicht zu sehr – euch mir empor,
Nur um wieder euch am Fall zu sehen – –
Zu hören euren Chor.

Jack Roy

Kept up by relays of generations young
Never dies at halyards the blithe chorus sung;
While in sands, sounds, and seas where the storm petrels
cry,
Dropped mute around the globe, these halyard singers lie.
Short-lived the clippers for racing-cups that run,
And speeds in life's career many a lavish mother's-son.

But thou, manly king o' the old *Splendid's* crew,
The ribbons o' thy hat still a-fluttering, should fly—
A challenge, and forever, nor the bravery should rue.
Only in a tussle for the starry flag high,
When 'tis piety to do, and privilege to die.
Then, only then, would heaven think to lop
Such a cedar as the captain o' the *Splendid's* main-top:

A belted sea-gentleman; a gallant, off-hand
Mercutio indifferent in life's gay command.

Magnanimous in humor; when the splintering shot fell,
"Tooth-picks a-plenty, lads; thank 'em with a shell!"

Sang Larry o' the Cannakin, smuggler o' the wine,
At mess between guns, lad in jovial recline:
"In Limbo our Jack he would chirrup up a cheer,
The martinet there find a chaffing mutineer;
From a thousand fathoms down under hatches o' your Hades,
He'd ascend in love-ditty, kissing fingers to your ladies!"

Never relishing the knave, though allowing for the menial,
Nor overmuch the king, Jack, nor prodigally genial.
Ashore on liberty he flashed in escapade,
Vaulting over life in its levelness of grade,
Like the dolphin off Africa in rainbow a-sweeping—
Arch iridescent shot from seas languid sleeping.

Jack Roy

Im Wechsel der Generationen erneuert, die Jungen
Sterben nicht am Fall, hat der Chor froh gesungen,
Während bei Sänden, in Sunden, Seen, wo der Sturmvogel
gellt.
Ins Stille gefallen die Fall-Sänger liegen, rund um dieWelt,
Kurzlebig die Clipper, die in Regatten Pokale erstreben,
Sporn in manch verschwend'rischen Mutter-Sohns Leben.

Aber dich, tapf'ren König der alten ‚Splendid' Crew,
Mit flatternden Bändern am Hut, die doch sollten fliegen –
Nie sollt' Kühnheit dich reuen, noch Wettkampf dazu.
Nur im Streit um der besternten Flagge Siegen,
Wenn's Frommheit will, im Tod Vorrechte liegen,
Dann, nur dann, könnt' der Himmel bedenken, ob
Solch Zeder zu stutzen wie den Käpt'n in der ‚Splendid'
Topp:
Ein See-Edelman, galant, gelassen von Haltung,
Mercutio, gleichgültig in des Lebens froher Waltung.

Hochherzig sein Humor, als der Mast geschossen in Stück':
„Zahnstocher in Massen, Jungs! gebt's dankend zurück!"

Sang Cannakin-Larry, ein Wein-Schmuggler der,
Vergnügt in der Messe, gelehnt zwischen Gewehr':
„In der Hölle unser Jack würd laut rufen Hurra,
Ein froh meuternder Gast wär den Schindern er da;
Und aus des Hades tiefsten Schründen und Klippen
Stieg er, Hände küssend, ein Lied auf den Lippen."

Weder schätzend den Buben noch ihn schonend eher,
War Jack nicht zu herzlich noch herrisch zu sehr.
An der Freiheit Gestade auf manch tollen Streich er verfiel,
Nahm die wechselnden Hürden des Lebens im Spiel,
Gleich dem Delphin vor Afrika, schwebend im Regenbogen,
Ein irisierender Blitz, geschossen aus träget See Wogen.

Larking with thy life, if a joy but a toy,
Heroic in thy levity wert thou, Jack Roy.

Mit dem Leben scherzend im Spiel immerzu,
Heroisch im Leichtsinn, Jack Roy, warst du.

The Haglets

By chapel bare, with walls sea-beat
The lichened urns in wilds are lost
About a carved memorial stone
That shows, decayed and coral-mossed,
A form recumbent, swords at feet,
Trophies at head, and kelp for a winding-sheet.

I invoke thy ghost, neglected fane,
Washed by the waters' long lament;
I adjure the recumbent effigy
To tell the cenotaph's intent—
Reveal why fagotted swords are at feet,
Why trophies appear and weeds are the winding-sheet.

By open ports the Admiral sits,
And shares repose with guns that tell
Of power that smote the arm'd Plate Fleet
Whose sinking flag-ship's colors fell;
But over the Admiral floats in light
His squadron's flag, the red-cross Flag of the White.
       The eddying waters whirl astern,
The prow, a seedsman, sows the spray;
With bellying sails and buckling spars
The black hull leaves a Milky Way;
Her timbers thrill, her batteries roll,
She revelling speeds exulting with pennon at pole,
       But ah, for standards captive trailed
For all their scutcheoned castles' pride—
Castilian towers that dominate Spain,
Naples, and either Ind beside;
Those haughty towers, armorial ones,
Rue the salute from the Admiral's dens of guns.

Ensigns and arms in trophy brave,
Braver for many a rent and scar,

Die Möven

Nah den Resten einer Kapelle, umtost von der See,
Bei Urnen, unter wuchernden Flechten versteckt,
Ist, verfallen, von Korallenmoos überzogen,
Eine ruhende Gestalt, von Seetang bedeckt,
Auf einem gemeißelten Gedenkstein zu sehen,
Zu Häupten Schwerter und zu Füßen Trophäen.

Ich rufe deinen Geist, du verlassene Stätte,
Gewaschen in der Wasser so langer Klage;
Ich beschwör' die ruhende Gestalt zu enthüllen
Des Males Sinn, heische Antwort auf die Frage,
Warum dort gebündelte Schwerter zu sehen,
Als Leichentuch Tang, und warum dort Trophäen.

Sitzend ruht der Admiral bei offenen Pforten
Zwischen Gewehren nach der Silberflotte Untergang,
Deren Flaggschiff versank mit all seinen Farben;
Sie bezeugen die Macht, die die Flotte bezwang.
Doch über'm Admiral weht, vom Licht erhellt,
Die Flagg' seines Geschwaders, das rote Kreuz im weißen Feld.
     Der Bug - ein Sämann - säht die Gischt,
Und die Wasser des Kiels wirbeln achteraus;
Mit schwellenden Segeln, sich biegenden Spieren
Fliegt der schwarze Rumpf einer Milchstraß' voraus.
Die Balken zittern, es rollen die Geschütze,
Ausgelassen frohlockt das Schiff bis in der Masten Spitze.
     Doch ah, all die Fahnen, im Kampfe stets voran
Für all der Häuser Stolz, die sie repräsentieren –
Kastilische Türme, die über Spanien herrschen,
Über Neapel auch und sogar in Indien regieren,
Jene hochmütigen Türme, zum Wappen erkoren,
Sie reut des Admiralsschiffs Salut nun aus vollen Rohren.

Insignien und Waffen als edle Trophäen,
Edler noch, so sie Kampfspuren zeigen,

The captor's naval hall bedeck,
Spoil that insures an earldom's star—
Toledoes great, grand draperies, too,
Spain's steel and silk, and splendors from Peru.
          But crippled part in splintering fight,
The vanquished flying the victor's flags,
With prize-crews, under convoy-guns,
Heavy the fleet from Opher drags—
The Admiral crowding sail ahead,
Foremost with news who foremost in conflict sped.
          But out from cloistral gallery dim,
In early night his glance is thrown;
He marks the vague reserve of heaven,
He feels the touch of ocean lone;
Then turns, in frame part undermined,
Nor notes the shadowing wings that fan behind.

There, peaked and gray, three haglets fly,
And follow, follow fast in wake
Where slides the cabin-lustre shy,
And sharks from man a glamour take,
Seething along the line of light
In lane that endless rules the war-ship's flight.
          The sea-fowl here, whose hearts none know,
They followed late the flag-ship quelled,
(As now the victor one) and long
Above her gurgling grave, shrill held
With screams their wheeling rites—then sped
Direct in silence where the victor led.
          Now winds less fleet, but fairer, blow,
A ripple laps the coppered side,
While phosphor sparks make ocean gleam,
Like camps lit up in triumph wide;
With lights and tinkling cymbals meet
Acclaiming seas the advancing conqueror greet.

But who a flattering tide may trust,
Or favoring breeze, or aught in end?—

Schmücken nun des Kaperers Schiffes Halle;
Der Raub lässt den Stern eines Herzogtums steigen –
Toledos prächtige große Draperien, dazu
Spaniens Stahl und Seide und Herrlichkeiten aus Peru
      Als zerschlagene Partei im splitternden Kampf
Fliehen die Besiegten vor des Siegers Macht;
Mit Kaperschiffen, unter Begleitschutz-Feuer,
Ward aus Ophyr gewaltig Beute gebracht –
Der Admiral drängt seine Segel voran,
Das Neueste dem, der im Streit voraus sein kann.
      Doch aus der klösterlichen Bögen Düster
Wirft einen Blick er hinaus zur Abendzeit,
Spürt des Himmels unklaren Vorbehalt,
Den Hauch von des Meeres Einsamkeit;
Fühlt, sich drehend, wanken seine Zuversicht,
Sieht aber schlagen die Schatten-Flügel hinter sich nicht.

Dort kränklich, grau, drei Möwen fliegen,
Folgen nun, folgen im Kielwasser geschwind,
Wo sich scheu das Licht der Kabinen spiegelt,
Haie vom Anblick von Menschen gebannt sind,
Siedend der Linie des Lichtes entlang ziehen,
Das auf die endlose Bahn des Fluges des Schiffs schien.
      Die Möwen, in deren Herz niemand lesen kann,
Waren spät dem andern Flaggschiff nachgeflogen
(wie nun seinem Bezwinger), hatten im Flug
Mit schrillem Geschrei kreisend ihre Riten vollzogen
Über dessen gurgelndem Grab – um ohne Verweilen
Geschwind und schweigend hinter dem Sieger herzueilen.
      Es blasen nun steter die Winde, weniger flüchtig,
Wellen schwappen an den gekupferten Rumpf,
Während Phosphor-Funken das Wasser erleuchten,
Wie Heerlager erglänzend in reichem Triumpf.
Im Gefunkel, mit der Zymbeln Klang gepaart,
Grüßt die jubelnde See des ziehenden Eroberers Fahrt.

Doch wer mag schmeichelnden Wellen trauen,
Der begünstigenden Brise, oder sollt' es gar? –

Careening under startling blasts
The sheeted towers of sails impend;
While, gathering bale, behind is bred
A livid storm-bow, like a rainbow dead.
        At trumpet-call the topmen spring;
And, urged by after-call in stress,
Yet other tribes of tars ascend
The rigging's howling wilderness;
But ere yard-ends alert they win,
Hell rules in heaven with hurricane-fire and din.
        The spars, athwart at spiry height,
Like quaking Lima's crosses rock;
Like bees the clustering sailors cling
Against the shrouds, or take the shock
Flat on the swept yard-arms aslant,
Dipped like the wheeling condor's pinions gaunt.

A Lull! and tongues of languid flame
Lick every boom, and lambent show
Electric 'gainst each face aloft;
The herds of clouds with bellowings go:
The black ship rears—beset—harassed,
Then plunges far with luminous antlers vast.
        In trim betimes they turn from land,
Some shivered sails and spars they stow;
One watch, dismissed, they troll the can,
While loud the billow thumps the bow—
Vies with the fist that smites the board,
Obstreperous at each reveller's jovial word.
        Of royal oak by storms confirmed,
The tested hull her lineage shows:
Vainly the plungings whelm her prow—
She rallies, rears, she sturdier grows:
Each shot-hole plugged, each storm-sail home,
With batteries housed she rams the watery dome.

Dim seen adrift through driving scud,
The wan moon shows in plight forlorn;

112

Unter überraschenden Windstößen torkelnd,
Droht von den Tuchtürmen der Segel Gefahr,
Während von achtern kommt Unheil gezogen,
Eine Sturmfront, fahlbleich, wie ein toter Regenbogen.
Auf Trompetenruf die Toppgasten springen,
Und eilends, gespornt vom zweiten Ruf drauf,
Schon andere Stämme von Teerjacken entern
In der Takelage tobende Wildnis hinauf;
Noch bevor sie die Enden der Rahen erreichen,
Muss der Himmel dem Lärm und Krakeel der Hölle weichen.
Die Spieren, querschiffs in vieltürmiger Höh',
Wie des erbebenden Limas Kreuze wanken;
Wie Bienen sich Klumpen der Männer klammern
An die Wanten, oder nehmen das Schwanken
Flach über die dahinfegenden Rahen gebeugt,
Die wie des Kondors Flügelspitzen zum Wasser geneigt.

Eine Flaute! und Zungen einer trägen Flamme
Jeden Mastbaum lecken und lodernd bannen
Elektrischen Schein in jedes erhobene Gesicht;
Die Wolkenherden ziehen grollend von dannen:
Das schwarze Schiff – bedrängt, geplagt – steigt an,
Stürzt dann mit weit leuchtendem Geweih gewaltig voran.
Das Schiff getrimmt, von Land gedreht bei Zeiten,
Werden beschädigte Spieren und Segel verstaut.
Im Verein mit der Faust, die schmiedet den Kiel,
Schlagen Wellen noch an die Planken laut.
Eine Wache, entlassen, lässt kreisen den Becher,
Und die See rebelliert gegen die fidelen Scherze Zecher.
Der Rumpf beweist seiner Abstammung Adel
Von königlicher Eiche, in Stürmen erprobt,
Bäumt sich, sammelt sich, wird ruhiger dann,
Auch wenn um den Bug die Gischt noch tobt:
Die Sturmsegel gerefft, die Batterien vertäut,
Rammt er die Wellen, die Wasserdom' er nicht scheut.

Undeutlich zu sehen in treibendem Gewölk,
Zeigt der fahle Mond sein elend Gesicht,

Then, pinched in visage, fades and fades
Like to the faces drowned at morn,
When deeps engulfed the flag-ship's crew,
And, shrilling round, the inscrutable haglets flew.
          And still they fly, nor now they cry,
But constant fan a second wake,
Unflagging pinions ply and ply,
Abreast their course intent they take;
Their silence marks a stable mood,
They patient keep their eager neighborhood.
          Plumed with a smoke, a confluent sea,
Heaved in a combing pyramid full,
Spent at its climax, in collapse
Down headlong thundering stuns the hull:
The trophy drops; but, reared again,
Shows Mars' high-altar and contemns the main.

Rebuilt it stands, the brag of arms,
Transferred in site—no thought of where
The sensitive needle keeps its place,
And starts, disturbed, a quiverer there;
The helmsman rubs the clouded glass—
Peers in, but lets the trembling portent pass.
          Let pass as well his shipmates do
(Whose dream of power no tremors jar)
Fears for the fleet convoyed astern:
"Our flag they fly, they share our star;
Spain's galleons great in hull are stout:
Manned by our men—like us they'll ride it out."
          Tonight's the night that ends the week—
Ends day and week and month and year:
A fourfold imminent flickering time,
For now the midnight draws anear:
Eight bells! and passing-bells they be—
The Old year fades, the Old Year dies at sea.

Um allmählich immer mehr zu verschwinden,
Wie der Ertrunkenen Gesichter im Morgenlicht,
Als die Tiefe verschlang des Flaggschiffes Crew
Und, schrill schreiend, die Möwen flogen im Kreis immerzu.
          Sie fliegen noch immer, noch immer stumm,
Folgen auf gleicher Höh' ihrem Kurs ohne Ruh.
Die unermüdlichen Flügel schlagen und schlagen,
Fügen ein zweit's Gewirbel dem des Schiffkiels zu.
Schweigend zeigen sie ihres Gemüts dumpfe Kraft,
Pflegen Seit' an Seit' geduldig die eifrige Nachbarschaft.
          Vom Gischtdunst betaut sind die Wogen der See,
Die zu Pyramidenkämmen sich häufen, erzittern,
Dann im Gipfel verausgabt kopfüber stürzend
Den Rumpf in seinem Vorandrängen erschüttern:
Die Trophäen fallen; doch, neu errichtet drauf,
Ragt des Mars Altar hochmütig über der See wieder auf.

Neu ist's errichtet, das Geprahle der Waffen,
Aber an anderer Stell' und unbedacht ganz;
Die empfindliche Nadel blieb an ihrem Platz
Und beginnt, gestört, einen zuckenden Tanz;
Der Rudergänger reibt, um besser zu sehen,
Das trübe Glas, kann aber nicht das Omen verstehen.
          Arglos bleibt er, wie es seine Kameraden sind
(kein Beben erschüttert ihren trunkenen Wahn),
Wenn an die Flotte sie denken, die achtern segelt:
"Sie teilen unsern Stern, am Mast unsere Fahn;
Spanische Galeonen sind gedrungen, stabilen Baus,
Bemannt mit unsern Männern, wie wir halten sie's aus."
          Heut Nacht ist die Nacht, die die Woche endet,
Endet das Jahr, den Monat und Woche und Tag –
Ein bevorstehend vierfaches Zucken der Zeit
Und es nähert sich schon der Mitternacht Schlag:
Da, acht Glasen, der letzte Schlag ist verweht,
Und das alte Jahr schwindet, auf hoher See es vergeht.

He launched them well. But shall the New
Redeem the pledge the Old Year made,
Or prove a self-asserting heir?
But healthy hearts few qualms invade:
By shot-chests grouped in bays 'tween guns
The gossips chat, the grizzled, sea-beat ones.
   And boyish dreams some graybeards blab:
"To sea, my lads, we go no more
Who share the Acapulco prize;
We'll all night in, and bang the door;
Our ingots red shall yield us bliss:
Lads, golden years begin to-night with this!"
   Released from deck, yet waiting call,
Glazed caps and coats baptized in storm,
A watch of Laced Sleeves round the board
Draw near in heart to keep them warm:
"Sweethearts and wives!" clink, clink, they meet,
And, quaffing, dip in wine their beards of sleet.

"Ay, let the star-light stay withdrawn,
So here her hearth-light memory fling,
So in this wine-light cheer be born,
And honor's fellowship weld our ring—
Honor! our Admiral's aim foretold:
A tomb or a trophy, and lo, 't is a trophy and gold!"
   But he, a unit, sole in rank,
Apart needs keep his lonely state,
The sentry at his guarded door
Mute as by vault the sculptured Fate;
Belted he sits in drowsy light,
And, hatted, nods—the Admiral of the White.
   He dozes, aged with watches passed—
Years, years of pacing to and fro;
He dozes, nor attends the stir
In bullioned standards rustling low,
Nor minds the blades whose secret thrill
Perverts overhead the magnet's Polar will:—

Der Start war gut. Doch soll jetzt das Neue erfüllen,
Was im abgelaufenen ward zuvor besiegelt?
Oder soll sich's als eigenwilliger Erbe erweisen?
Ein robustes Herzen ist gegen Zweifel verriegelt;
In Grüppchen sieht man beinander sie sitzen,
Die Klatschbasen, grauhaarig, seefest, bei den Geschützen.
        Alte Männer, quatschend von Knabenträumen:
"Mit der Seefahrerei, Jungs, ist's jetzt aus.
Mit unserm Anteil an dem eroberten Schatz
Sind wir versorgt, müssen nachts nimmer raus;
Unser Glück ist gemacht mit der Acapulco-Beute
Und goldne Zeiten, ihr Jungs, beginnen für uns ab heute."
        Eine Freiwache geschnürter Ärmel an Deck,
Speckige Kappen, Jacken, im Sturm geweiht,
Sie rücken zusammen, um warm sich zu halten,
Vom Dienst befreit, doch auf Abruf bereit.
"Liebchen und Weiber", stoßen die Zecher
klirr, klirr, an und tunken die Graupelbärt' in die Becher.

"Ay, soll das Sternenlicht düster doch bleiben,
Dass das Licht der Erinnerung heller uns scheint,
Dass Freude aus dem Weinglas uns funkelt
Unsern Bund der Ehre Kameradschaft eint –
Ehre! unseres Admirals höchstes Streben.
Sieg oder Tod! und seht, 's wurd' uns die Trophäe gegeben."
        Doch er, ein Einzelner, einzig in Geltung und Rang,
Er bleibt, wie's seine Stellung gebietet, allein,
Mit dem stummen Hüter an der bewachten Tür,
Wie am Grab des Schicksals Gestalt aus Stein.
Im Dämmerlicht sitzend, den Gürtel umgetan,
Hält er behütet ein Schläfchen, der Admiral der weißen Fahn.
        Er schlummert, gealtert vom vielen Wachen,
Jahren, Jahren voller Mühen, voller Streben;
Er döst und bemerkt die Erschütterung nicht,
Der gehäuften Flaggenbündel leises Erbeben,
Merkt nicht der Klingen heimliches Schwirren,
Die der Kompassnadel Streben nach Norden beirren.

Less heeds the shadowing three that play
And follow, follow fast in wake,
Untiring wing and lidless eye—
Abreast their course intent they take;
Or sigh or sing, they hold for good
The unvarying flight and fixed inveterate mood.
      In dream at last his dozings merge,
In dream he reaps his victor's fruit;
The Flags-o'-the-Blue, the Flags-o'-the-Red,
Dipped flags of his country's fleets salute
His Flag-o'-the-White in harbor proud—
But why should it blench? Why turn to a painted shroud?
      The hungry seas they hound the hull,
The sharks they dog the haglets' flight;
With one consent the winds, the waves
In hunt with fins and wings unite,
While drear the harps in cordage sound
Remindful wails for old Armadas drowned.

Ha—yonder! are they Northern Lights?
Or signals flashed to warn or ward?
Yea, signals lanced in breakers high;
But doom on warning follows hard:
While yet they veer in hope to shun,
They strike! and thumps of hull and heart are one.
      But beating hearts a drum-beat calls
And prompt the men to quarters go;
Discipline, curbing nature, rules—
Heroic makes who duty know:
They execute the trump's command,
Or in peremptory places wait and stand.
      Yet cast about in blind amaze—
As through their watery shroud they peer:
"We tacked from land: then how betrayed?
Have currents swerved us—snared us here?"
None heed the blades that clash in place
Under lamps dashed down that lit the magnet's case.

Bemerkt auch nicht jene graubleichen Drei,
Die stet verfolgen das Schiff wie Schatten;
Lidlosen Aug's auf gleicher Höh' segelnd
Seit' an Seit', Schwingen, die nie ermatten,
Ohne Gekrächz' und Geschrei, bedachtsam, stur,
Folgen sie ihrem Trieb, tief verwurzelt in ihrer Natur.
   Sein Dösen im Traume schließlich mündet,
Im Träumen erntet er seines Sieges Lorbeer;
All die Flaggen in Blau, all die Flaggen Rot,
Seine Flotte grüßend, sind gesenkt ringsumher,
Und stolz fährt seine Flagge in den Hafen ein.
Warum sollt sie zurückscheuen? Ein Leichentuch sein?
   Die Haie begleiten den Flug der Möwen,
Das Schiff wird gehetzt von den hungrigen Seen,
Und einig sind sich der Wind und die Wellen,
Mit den Flossen, den Schwingen auf Jagd zu gehen;
Des Tauwerks Harfe jammert trostlos so sehr,
Versunkene Flotten betrauernd, von Erinnerung schwer.

Ha – da drüben, ist's der Nordlichter Schein?
Signale zum Abdrehen, zur Warnung gar hell?
Ja, Lichter sind zwischen den Brechern zu sehen,
Doch folgt der Warnung nur allzu schnell
Das Verhängnis, das zu vermeiden sie streben:
Ein Stoß – und eins wird des Schiffs und der Herzen Beben.
   Zu Reih und Glied sind gerufen die Männer,
Zu hämmernden Herzen die Trommel spricht,
Disziplin, Regeln, der Natur Überwindung,
Heroisch macht sie der Ruf der Pflicht;
Sie folgen den Trompetensignalen sofort
Oder stehen wartend bereit, jeder an seinem bestimmten Ort.
   Doch als spähten sie aus ihren Leichentüchern,
So blicken sie um sich, zu Tode erschrocken –
"Wir kreuzten seewärts, was hat uns getäuscht?
Konnt' die Strömungen uns in die Falle locken?"
In des umgestürzten Kompassgehäuses Licht
Liegen scheppernd die Waffen, doch sie beachten sie nicht.

Ah, what may live, who mighty swim,
Or boat-crew reach that shore forbid,
Or cable span? Must victors drown—
Perish, even as the vanquished did?
Man keeps from man the stifled moan;
They shouldering stand, yet each in heart how lone.
      Some heaven invoke; but rings of reefs
Prayer and despair alike deride
In dance of breakers forked or peaked,
Pale maniacs of the maddened tide;
While, strenuous yet some end to earn,
The haglets spin, though now no more astern.
      Like shuttles hurrying in the looms
Aloft through rigging frayed they ply—
Cross and recross—weave and inweave,
Then lock the web with clinching cry
Over the seas on seas that clasp
The weltering wreck where gurgling ends the gasp.

Ah, for the Plate-Fleet trophy now,
The victor's voucher, flags and arms;
Never they'll hang in Abbey old
And take Time's dust with holier palms;
Nor less content, in liquid night,
Their captor sleeps—the Admiral of the White.

      Imbedded deep with shells
      And drifted treasure deep,
      Forever he sinks deeper in
      Unfathomable sleep—
      His cannon round him thrown,
      His sailors at his feet,
      The wizard sea enchanting them
      Where never haglets beat.

      On nights when meteors play
      And light the breakers dance,
      The Oreads from the caves

Wer wird's überleben? schwimmt am besten?
Erreicht mit dem Boot das verwehrte Gestad'?
Oder Trossen spannen? Geht der Sieger zugrund,
Versinkt er, wie's zuvor der Besiegte tat?
Sie hören das Ächzen, der anderen Schmerz,
Stehn Seit an Seit, doch einsam ist jeden Mannes Herz.
          's flehn manche zum Himmel, doch die Riffe rings
Spotten ihrer Gebete, ihrem Flehen, ihrem Weh.
Im Tanz der wütenden, torkelnden Brecher,
Den fahlen Irrsinnigen einer verrückten See,
Kämpft mancher noch, doch's End kommt näher.
Die Möwen hoch kreisen, doch nun achtern nicht mehr.
          Hoch über der zerfransten Takelage Zeug
Queren sie, gehen sie hin und her ohne Ruh,
Weben, flechten, wie Schiffchen im Webstuhl,
Ziehen mit siegelndem Schrei das Netz dann zu.
Seen über Seen das rollende Schiff umklammern,
Machen ein End' dem Gurgeln, dem Ächzen und Jammern.

Ah, und der Silberflotte edle Trophäen,
Flaggen und Rüstung, des Sieges Pfand,
Adelt nie der Zeiten heiligende Patina,
Hängend in einer hohen Hall an der Wand.
Noch weniger zufrieden in seiner nassen Nacht
Schläft ihr Eroberer – der Admiral, der nie mehr erwacht.

          Zwischen abgedrifteten Schätzen, tief,
          Gebettet in Muscheln, tief, und Sände,
          Sinkt er tief und tiefer
          In den Schlaf ohne Ende –
          Um ihn her zerstreut Kanonen
          Und seine Männer liegen,
          Verwunschen von der zaubrischen See,
          Wo niemals Möwen fliegen.

          Nachts, wenn leicht die Brecher tanzen
          Und Meteore steigen empor,
          Kommen Oreaden aus den Höhlen

With silvery elves advance;
And up from ocean stream,
And down from heaven far,
The rays that blend in dream
The abysm and the star.

Mit Elfen, silbern, hervor,
Und Strahlen herauf aus dem Meer
Und herab vom Himmel fern
Mischen in die Träume
Die Abgründ' und die Stern.

The Aeolian Harp

'At The Surf Inn'

List the harp in window wailing
  Stirred by fitful gales from sea:
Shrieking up in mad crescendo –
  Dying down in plaintive key!

Listen: less a strain ideal
Than Ariel's rendering of the Real.
  What that Real is, let hint
  A picture stamped in memory's mint.

Braced well up, with beams aslant,
Betwixt the continents sails the *Phocion*,
For Baltimore bound from Alicant.
Blue breezy skies white fleeces fleck
Over the chill blue white-capped ocean:
From yard-arm comes – "Wreck ho, a wreck!"

Dismasted and adrift,
Longtime a thing forsaken;
Overwashed by every wave
Like the slumbering kraken;
Heedless if the billow roar,
Oblivious of the lull,
Leagues and leagues from shoal or shore,
It swims – a levelled hull:
Bulwarks gone – a shaven wreck,
Nameless and a grass-green deck.
A lumberman: perchance, in hold
Prostrate pines with hemlocks rolled.

It has drifted, waterlogged,
Till by trailing weeds beclogged:
  Drifted, drifted, day by day,
  Pilotless on pathless way.
It has drifted till each plank
Is oozy as the oyster-bank:

Die Äolsharfe

Horch, wie erregt vom launischen Sturm
  Die Harfe im Fenster dort singt:
Wie sie lauter und lauter schrillt,
  In traurigem Ton dann verklingt.

Hör zu: nicht streng, gemessen zu sehr
– Ariels Lied voll Wirklichen mehr.
Wie's gemeint, wird zeigen gleich
  Ein Bild, geprägt in des Gedächtnis' Reich.

Hoch gebrasst, die Rahen quer,
Auf hoher See segelt die ‚Phocion'
Nach Baltimore von Alikant' her.
Watteflecken inmitten luftigen Blaus
Über weiß schäumend kaltblauem Meer:
Vom Ausguck tönt – ‚Ho, Wrack voraus!'

Ohne Masten, abgetrieben,
Längst verlassen, geräumt,
Überspült von Wellen
Wie ein Krake, der träumt;
Nicht achtend der Wogen,
Die kommen gezogen,
Meilen entfernt von Küst' und Riff,
– Eine glatte Hülle – treibt das Schiff;
Ein geschorenes Wrack – das Schanzkleid weg,
Namenlos und grasgrün das Deck.
Eines Holzfrachters Wrack: im Laderaum
Vielleicht Stämm' von Tannen, vom Pinienbaum.

Es ist getrieben, voll Wasser die Balken,
Bis ganz bedeckt es nun von Algen:
  Getrieben, getrieben, Tag für Tag,
  Es führerlos in den Wellen lag.
Es ist getrieben, bis jedes Brett, jede Plank',
So glitschig war wie eine Austernbank:

Drifted, drifted, night by night,
  Craft that never shows a light;
Nor ever, to prevent worse knell,
Tolls in fog the warning bell.

From collision never shrinking,
Drive what may through darksome smother;
Saturate, but never sinking,
Fatal only to the other!
  Deadlier than the sunken reef
Since still the snare it shifteth,
  Torpid in dumb ambuscade
Waylayingly it drifteth.

O, the sailors – O, the sails!
O, the lost crews never heard of!
Well the harp of Ariel wails
Thought that tongue can tell no word of!

Getrieben, getrieben, Nacht für Nacht,
  Niemals 's ward da Licht gemacht;
Noch je, zu vermeiden Totengeläut,
Die Warnglock' schlug, wenn Nebel gedräut.

Kollisionen nicht scheuend,
Komm' durch den Dunst, was wolle;
Voll gesogen, doch oben bleibend,
Spielt 's für andre nur des Unheils Rolle.
  Tödlicher als ein Unterwasserriff,
Da 's nicht am selben Ort bleibt,
  Dumpf lauernd auf andere Schiff
Es weglagernd treibt.

Oh, die Matrosen – oh, die Schiff' auf dem Meer!
Oh, die Mannschaften, verschollen und zu beklagen!
Ariels Harfe jammert so sehr
Von Dingen, niemals in Worten zu sagen!

To the Master of the *Meteor*

Lonesome on earth's loneliest deep,
Sailor! who dost thy vigil keep –
Off the Cape of Storms dost musing sweep
Over monstrous waves that curl and comb;
Of thee we think when here from brink
We blow the mead in bubbling foam.

Of thee we think, in a ring we link;
To the shearer of ocean's fleece we drink,
And the *Meteor* rolling home.

Dem Herrn der ‚Meteor‘

Bist über der Erde einsamsten Schlünden
Seemann! einsam auf Wache zu finden –
Fegst träum'risch unterm Sturmkap mit Winden
Über Riesenwellen, sich wiegend und schäumend;
Auf dich stoßen wir an und wir all' denken dann
An deinem Schneid, unsre Träume träumend.

Wenn im Kreis wir dann, auf dich stoßen wir an,
Der dem Ozean selbst das Fell scheren kann,
Und die ‚Meteor‘, sich in Wellen bäumend.

Far Off-Shore

Look, the raft, a signal flying,
    Thin – a shred;
None upon the lashed spars lying,
    Quick or dead.

Cries the sea-fowl, hovering over,
    "Crew, the crew?"
And the billow, reckless, rover,
    Sweeps anew!

Auf hoher See

Sieh, das Floß, die Flagge wehen,
    Ein Fetzen – elendig;
Niemand auf den Balken zu sehen,
    Tot oder lebendig.

Ruft ein Seevogel von weitem herüber,
    „Crew, die Crew?"
Die wandernde Welle schwappt darüber,
    Schwappt immerzu!

The Man-of-War Hawk

Yon black man-of-war-hawk that wheels in the light
O'er the black ship's white sky-s'l, sunned cloud to the sight,
Have we low-flyers wings to ascend to his height?

No arrow can reach him; nor thought can attain
To the placid supreme in the sweep of his reign.

Das Kriegsschiff Hawk

Jener schwarze Krieger-Habicht dort, der kreist im Licht
Über des schwarzen Schiffs weißen Segeln, besonnter
        Bewölkung der Sicht,
Können zu seiner Höhe aufsteigen denn wir Gewöhnlichen
        nicht?

Kein Pfeil kann ihn erreichen; noch ein Gedanke reicht an
Die gelassene Hoheit im Bezirk ihrer Herrschaft heran.

The Figure-Head

The *Charles-and-Emma* seaward sped,
(Named from the carven pair at prow,)
He so smart, and a curly head,
She tricked forth as a bride knows how:
  Pretty stem for the port, I trow!

But iron-rust and alum-spray
And chafing gear, and sun and dew
Vexed this lad and lassie gay,
Tears in their eyes, salt tears nor few;
  And the hug relaxed with the failing glue.

But came in end a dismal night,
With creaking beams and ribs that groan,
A black lee-shore and waters white:
Dropped on the reef, the pair lie prone:
  O, the breakers dance, but the winds they moan!

Die Galionsfigur

Benannt nach dem Paar am Bug, geschnitzt,
Strebt die ‚Charles und Emma‘ seewärts voran;
Er ein Lockenköpfchen und ziemlich gewitzt,
Sie rausgeputzt, wie’s ’ne Braut nur kann:
  Ein hübscher Steven für 'n Hafen, Mann.

Aber Eisenrost, Gischt der Wellenzungen,
Und scheuerndes Zeug, Tau und Sonnenschein,
Machen dem Mädchen zu schaffen und seinem Jungen:
In den Augen, sollten das Tränen wohl sein?
  Und die Umarmung lockert sich mit dem Leim.

Doch dann sank in düsterer Nacht das Schiff
Mit knirschenden Rippen, der Balken Gedröhn:
Nach vorn geneigt beide, gesunken auf’s Riff
Einer Lee-Küste, schwarz, mit hellweißen Seen:
  Oh, wie tanzen die Brecher in der Winde Gestöhn!

Old Counsel

Of The Young Master of a Wrecked California Clipper

Come out of the Golden Gate,
Go round the Horn with streamers,
Carry royals early and late;
But, brother, be not over-elate –
All hands save ship! has startled dreamers.

Alter Ratschlag

für den jungen Führer eines havarierten Kalifornien-Klippers

Komm unter der Golden Gate hervor,
Umrunde mit fliegenden Wimpeln das Kap,
Setz die Royalsegel früh bis spät;
Doch, Bruder, sei kein Tor –
Jede Hand fürs Schiff! hielt manchen vom Träumen ab.

The Tuft of Kelp

All dripping in tangles green,
  Cast up by a lonely sea
If purer for that, O Weed,
  Bitterer, too, are ye?

Das Büschel Seetang

Alles Tröpfeln in grünem Gewirr,
  Heraufgespült von einsamer See,
Wenn reiner denn dies, oh Kraut,
  Auch bitterer je?

The Maldive Shark

About the Shark, phlegmatical one,
Pale sot of the Maldive sea,
The sleek little pilot-fish, azure and slim,
How alert in attendance be.
From his saw-pit of mouth, from his charnel of maw
They have nothing of harm to dread,
But liquidly glide on his ghastly flank
Or before his Gorgonian head;
Or lurk in the port of serrated teeth
In white triple tiers of glittering gates,
And there find a haven when peril's abroad,
An asylum in jaws of the Fates!
They are friends; and friendly they guide him to prey,
Yet never partake of the treat –
Eyes and brains to the dotard lethargic and dull,
Pale ravener of horrible meat.

Der maledivische Hai

Wie dem Hai, dem phlegmatischen,
Dem maledivischen Unhold, bleich,
Die kleinen Lotsenfisch', blau und zart,
Flink dienen und aufwarten gleich.
Gegen den Sägerachen, den Knochenschlund
Sie brauchen nicht hegen Argwohn,
Sie schwimmen an seiner grausiger Seit'
Oder voraus dem Haupt der Gorgon
Oder verstecken sich hinter den Zacken der Zähne,
Den glitzernden Reihen, die sie dreifach bewachen,
Finden Rettung dort bei dräuender Gefahr,
Eine Zuflucht in des Schicksals Rachen!
Freunde sind sie; und freundlich leiten sie ihn zur Beute,
Beteiligen sich aber nie an dem Mahl –
Augen und Hirn für den Tölpel, den trägen und blöden,
Fresser des schrecklichen Fleischs und fahl.

Crossing the Tropics

From "The Saya-y-Manto."

While now the Pole Star sinks from sight
   The Southern Cross it climbs the sky;
But losing thee, my love, my light,
O bride but for one bridal night,
   The loss no rising joys supply.

Love, love, the Trade Winds urge abaft,
And thee, from thee, they steadfast waft.

By day the blue and silver sea
   And chime of waters blandly fanned –
Nor these, nor Gama's stars to me
May yield delight since still for thee
   I long as Gama longed for land.

I yearn, I yearn, reverting turn,
My heart it streams in wake astern
When, cut by slanting sleet, we swoop
   Where raves the world's inverted year,
If roses all your porch shall loop,
Not less your heart for me will droop
   Doubling the world's last outpost drear.

O love, O love, these oceans vast:
Love, love, it is as death were past!

Durchquerung der Tropen

Aus dem „Saya-Y-Manto"

Nun sinkt der Polarstern aus der Sicht,
    Das Kreuz des Südens steigt herauf;
Doch dich lassend, meine Lieb', mein Licht,
Oh Braut einer Nacht, auch steigend nicht
    Wiegen Sterne mein ganzes Sehnen auf.

Lieb', Lieb', der Nordost achtern steht
Und beständig dich, von dir her weht.

Nicht Tags die blaue und silberne See
    Oder, sanft erregt, der Wellen Klang –
Auch nicht da Gamas Stern' in der Höh'
Können mich erfreuen, und wie verlangt hat je
    Da Gama nach Land nach dir ich verlang.

Ich sehn', ich sehn' mich zurück zu dir,
Im Kielwasser strömt das Herzblut mir.
Durch Wetter getrennt, hin stürzen wir
    Ins Jahr, das sich kehrt, in Irrsinn fällt;
Wenn Rosen sich ranken um deine Tür,
Wirst du nicht minder schmachten nach mir,
    Doppelnd die Ödnis am Rande der Welt.

Oh Lieb', oh Lieb', die Wasser, endlos, weit,
Lieb', Lieb', als wär' der Tod schon Vergangenheit.

The Berg

A Dream

I saw a ship of martial build
(Her standards set, her brave apparel on)
Directed as by madness mere
Against a stolid iceberg steer,
Nor budge it, though the infatuate ship went down.
The impact made huge ice-cubes fall
Sullen, in tons that crashed the deck;
But that one avalanche was all
No other movement save the foundering wreck.

Along the spurs of ridges pale,
Not any slenderest shaft and frail,
A prism over glass – green gorges lone,
Toppled; nor lace of traceries fine,
Nor pendant drops in grot or mine
Were jarred, when the stunned ship went down.
Nor sole the gulls in cloud that wheeled
Circling one snow-flanked peak afar,
But nearer fowl the floes that skimmed
And crystal beaches, felt no jar.
No thrill transmitted stirred the lock
Of jack-straw needle-ice at base;
Towers undermined by waves – the block
Atilt impending – kept their place.
Seals, dozing sleek on sliddery ledges
Slipt never, when by loftier edges
Through very inertia overthrown,
The impetuous ship in bafflement went down.

Hard Berg (methought), so cold, so vast,
With mortal damps self-overcast;
Exhaling still thy dankish breath –
Adrift dissolving, bound for death;

Der Eisberg

Ein Traum

Ich sah von kriegerischem Bau ein Schiff
(Die Stander gesetzt, in vollem Schmuck),
Das, gesteuert wie von Wahnsinn nur,
Gegen einen stoischen Eisberg fuhr –
Der rührte sich nicht, doch unterging das verblendet' Schiff.
In polternden Tonnen stürzten beim Prall
Eisblöcke auf das Schiffsdeck hinab;
Doch blieb's bei der schweren Lawine Fall;
Und nichts mehr bewegt' sich als das sinkende Wrack.

Entlang der Zacken aus bleichen Graten
Erzittert' kein Zapfen, wie schlank auch geraten,
Über glasgrünen Schründen, gesägt wie ein Riff;
Auch nicht die Borten aus Spitze weiss,
Noch hängende Tropfen in Grotten aus Eis
Wurden erschüttert, als unterging wie benommen das Schiff.
Auch nicht Möwen, die fern beschneite Gipfel
In rund kreisenden Wolken umschweben,
Oder Vögel, die nah über Eisschollen flogen,
Spürten auch nur das geringste Erbeben.
Kein Zittern ward auch drunten gefühlt
In der Sperre der Eisnadeln am Rand;
Obgleich geneigt und bereits unterspült,
Steht jeder Turm noch so wie er stand.
Seehunde, auf Simsen dösend an eisglatten Graten,
Bewegten sich nicht, als ins Stürzen geraten
Und durch eigene Masse die höheren Riff'
Brachen, und verblüfft unterging das ungestüm' Schiff.

Grausamer Eisberg (dacht' ich), in Schrecken gehüllt,
Bist selbst vom Tod doch schon erfüllt;
Hast auch andre du dem Tod geweiht –
Machst, schmelzend, du selbst dich zum Tode bereit.

Though lumpish thou, a lumbering one –
A lumbering lubbard loitering slow,
Impingers rue thee and go down,
Sounding thy precipice below,
Nor stir the slimy slug that sprawls
Along thy dense stolidity of walls.

Wohl bist du langsam, träg in deiner Spur –
Bist schwerfällig, wie plumpe Klötz' es sind,
Doch bereut's und versinkt, wer im Wege dir nur,
Und lotet aus unten deine tiefen Abgründ.
Doch stört es nicht jene, die sich räkeln und strecken
An deinen gleichgült'gen Wänden wie glatte Schnecken.

The enviable Isles

From "Rammon."

Through storms you reach them and from storms are free.
  Afar descried, the foremost drear in hue,
But, nearer, green; and, on the marge, the sea
  Makes thunder low and mist of rainbowed dew.

But, inland, where the sleep that folds the hills
A dreamier sleep, the trance of God, instills –
  On uplands hazed, in wandering airs aswoon,
Slow-swaying palms salute love's cypress tree
  Adown in vale where pebbly runlets croon
A song to lull all sorrow and all glee.

Sweet-fern and moss in many a glade are here.
  Where, strewn in flocks, what cheek-flushed myriads lie
Dimpling in dream – unconscious slumberers mere,
  While billows endless round the beaches die.

Die Inseln der Glückseligkeit

Aus „Rammon"

Durch Stürm' zu erreichen, sind der Stürme sie ledig.
  Trostlos gefärbt sieht von weitem die vorderste aus,
Doch näher grün; und dumpf donnern die Wogen dort stetig
  Ans Land im Regenbogendunst des sprühenden Taus.

Landeinwärts, wo die Hügel in Schlummer entrückt,
Ein beseelterer Schlaf in die Trance eines Gottes verzückt –
  Im dunstigen Bergland, wo Lüfte die Blätter matt kräuseln,
Sacht schwankende Palmen grüßen Zypressen der Liebe,
  Auch drunten im Tal, wo kristallene Bächlein hold säuseln
Ihr Lied, zu dämpfen alle Sorgen, alle zu frohen Triebe.

Hier ist manch eine Lichtung voll Schildfarn und Moos,
  Myriaden von Blumen sind gestreut wie von Hand,
Sich wiegend im Schlaf träumen sie unbewusst bloß,
  Während endlos ersterben die Wellen am Strand.

Pebbles

I

Though the Clerk of the Weather insist,
    And lay down the weather-law,
Pintado and gannet they wist
That the winds blow whither they list
    In tempest or flaw.

II

Old are the creeds, but stale the schools,
    Revamped as the mode may veer,
But Orm from the schools to the beaches strays
And, finding a Conch hoar with time, he delays
    And reverent lifts it to ear.
That Voice, pitched in far monotone,
    Shall it swerve? shall it deviate ever?
The Seas have inspired it, and Truth –
    Truth, varying from sameness never.

III

In hollows of the liquid hills
    Where the long Blue Ridges run,
The flattery of no echo thrills,
    For echo the seas have none;
Nor aught that gives man back man's strain –
The hope of his heart, the dream in his brain.

IV

On ocean where the embattled fleets repair,
Man, suffering inflictor, sails on sufferance there.

V

Implacable I, the old Implacable Sea:
    Implacable most when most I smile serene –
Pleased, not appeased, by myriad wrecks in me.

Kiesel

I
Mag der vom Wetteramt drauf bestehen,
    Er wisse, wie das Wettergesetz laute,
Sturmvogel und Tölpel, sie sehen,
Dass die Wind', wie sie wollen, auch wehen,
    Sei's in Sturm oder Flaute.

II
Bekenntnis' sind alt, doch die Lehren schal,
    Die treten gleich Moden geputzt hervor;
Aber Orm von der Schule streunt zum Strand,
Er verweilt, sieht eine alte Muschel im Sand
    Und hält sie ehrfürchtig ans Ohr.
Die Stimme, eintönig und fern,
    Soll sie enden? sich ändern vielleicht?
Sie stammt aus dem Meer, und die Wahrheit –
    Die Wahrheit sich selbst immer gleicht.

III
Zwischen den Wellen, bewegt,
    Mit blauer Kammlinie oben am Rand,
Kein Schmeicheln eines Echos erregt,
    Denn Echos hat die See nie gekannt;
Auch nichts, was Menschen vergilt ihre Müh'n –
Nichts, was sie sich erhoffen, erträumen kühn.

IV
Auf See, wo Flotten Schäden ausbessern in Schlachtenreih'n,
Wird der Mensch, gepeinigter Peiniger, stets geduldet nur sein.

V
Unerbittlich bin ich, die alte unerbittliche See:
    Am unerbittlichsten meist mit lächelndem Mund –
Erfreut, nicht beschwichtigt, von zahllosen Wracks auf dem
                                        Grund.

VI

Curled in the comb of yon billow Andean,
    Is it the Dragon's heaven-challenging crest?
Elemental mad ramping of ravening waters –
    Yet Christ on the Mount, and the dove in her nest!

VII

Healed of my hurt, I laud the inhuman Sea –
Yea, bless the Angels Four that there convene;
For healed I am ever by their pitiless breath
Distilled in wholesome dew named rosmarine.

VI

Gewunden im Grat jener Welle der Anden,
    Ist's des Drachen dem Himmel drohender Kamm?
Gewaltig das Aufbäumen gieriger Wasser –
    Noch ist Christ auf dem Berg, ist behütet das Lamm.

VII

Geheilt von meinem Weh, sing ich der grausamen See –
Ja, preis die vier Engel, die uns rufen dorthin,
Denn geheilt werd' ich selbst in ihrem gnadlosen Hauch
Zum heilsamen Tau des Rosmarin.

■Aus: Rosengedichte

The New Rosicrucians

To us, disciples of the Order
Whose Rose-Vine twines the Cross,
Who have drained the rose's chalice
Never heeding gain or loss;
For all the preacher's din
There is no mortal sin —
No, none to us but Malice.

Exempt from that, in blest recline
We let life's billows toss;
If sorrow come, anew we twine
The Rose-Vine round the Cross.

Die neuen Rosenkreuzler

Für uns Jünger des Rosenordens,
Deren Rosen das Kreuz umwinden
Und die leerten den Kelch der Ros',
Ist's gleich, ob Gewinn oder Verlust wir finden;
Wir glauben an die Todsünden nicht,
Trotz all der Prediger eifernder Sicht,
An keine, bis auf die Bosheit bloß.

Daneben jedoch, in Ruh, ohne Reu',
Lassen des Lebens Wogen wir tosen;
Kommt Sorge, winden wir aufs Neu
Ums Kreuz die Ranken der Rosen.

The Vial of Attar

Lesbia's lover when bereaved
In pagan times of yore–
	Ere the gladsome tidings ran
Of reunion evermore,
	He wended from the pyre
Now hopeless in return –
	Ah, the vial hot with tears
For the ashes cold in urn!

But I, the Rose's lover,
When my beloved goes
	Followed by the Asters
Toward the sepulchre of snows,
Then, solaced by the Vial
	Less grieve I for the Tomb,
Not widowed of the fragrance
	If parted from the bloom —
Parted from the bloom
	That was but for a day;

Rose! I dally with thy doom:
The solace will not stay!
	There is nothing like the bloom;
	And the Attar poignant minds me
Of the bloom that's passed away.

Die Rosenöl-Phiole

Als verbrannt ward ihr Leichnam
Ehdem in heidnischer Zeit,
Bevor die frohe Botschaft kam
Vom Wiedersehen in Ewigkeit,
Wandte sich Lesbias Liebster
Ohne Hoffnung trostlos ab –
Ah, die Phiole heiß von Tränen
Für die Asche kalt im Grab.

Doch ich, der Rosen Liebhaber,
Wenn meine Geliebte scheidet
Von Astern gefolgt ins Grab,
Das kalter Schnee dann bereitet,
Werd' getröstet von der Phiole
Mich nicht sehr grämen darum,
Denn ihr Duft bleibt mir erhalten,
Wenn dahingewelkt ist die Blum',
Dahingewelkt ist die Blum',
Die doch nur blüht für den Tag.

Ros'! Ich nehm' dein Geschick zu leicht:
Dieser Trost hat keinen Bestand!
Nichts deiner Blüte je gleicht;
Und deutlich gemahnt dein Duft
An die Blüte, die einst entschwand.

Under the Ground

Between a garden and old tomb
Disused, a foot-path threads the clover;
And there I met the gardener's boy
Bearing some dewy chaplets over.

I marvelled, for I just had passed
The charnel vault and shunned its gloom:
'Stay, whither wend you, laden thus;
Rosen! you would not these inhume?'

'Yea, for against the bridal hour
My master fain would keep their bloom;
A charm in the dank o' the vault there is,
Yea, we the rose entomb.'

Unter der Erde

Zwischen einem Garten und einer alten Gruft,
Die leer, zieht sich ein Pfad durch den Klee;
Und dort treff' des Gärtners Jungen ich an,
In dessen Armen ich taufrische Kränze seh'.

Ich staun', denn eben erst kam ich vorbei an
Dem Leichengewölb', abwendend 's Gesicht:
„Halt, wohin willst du mit deiner Fracht?
Rosen! du willst sie begraben doch nicht?"

„Doch, mein Herr will ihre Blüte bewahren
Bis er sie braucht am Hochzeitstag;
Ein Zauber liegt in der Feuchte der Gruft,
Ja, ja, wir legen die Rosen ins Grab."

■Aus: Timoleon, Etc.

The Ravaged Villa

In shards the sylvan vases lie,
    Their links of dance undone,
And brambles wither by thy brim,
    Choked fountain of the sun!

The spider in the laurel spins,
    The weed exiles the flower:
And, flung to kiln, Apollo's bust
    Makes lime for Mammon's tower.

Die verwüstete Villa

In Scherben liegen die ländlichen Vasen,
    Zerstört die Bilder von Reigen und Tanz,
Und Brombeeren welken an deinem Rand,
    Dämpfen des Sonnenlichts Glanz.

Im Lorbeer webt die Spinne ihr Netz,
    Das Unkraut verdrängt die edlere Ros':
Und im Ofen wird die Büste Apolls
    Kalk für des Mammons Türm' bloß.

The Garden of Metrodorus

The Atheneans mark the moss-grown gate
And hedge untrimmed that hides the haven green:
    And who keeps here his quiet state?
    And shares he sad or happy face
Where never foot-path to the gate is seen?

Here none come forth, here none go in,
Here silence strange, and dumb seclusion dwell:
    Content from loneness who may win?
    And is this stillness peace or sin
Which noteless thus apart can keep its dell?

Der Garten des Metrodorus

Die Athener bemerken das bemooste Tor,
Und die Heck', ungestutzt, vor der Zuflucht Grün:
　　Und wer hält hier Hof, so still, verschwiegen?
　　Und welches Los ist ihm wohl beschieden,
Dort, wo kein Pfad zum Tor führt' hin?

Hier geht keiner hinein, kommt keiner hervor,
Hier ist seltsame Still', stumme Einsamkeit:
　　Wer mag sich hier im Alleinsein genügen?
　　Und bedeutet die Stille Sünd' oder Frieden,
Das enge Tal hütend, unbemerkt, so beiseit?

In a Garret

Gems and jewels let them heap
Wax sumptuous as the Sophi:
For me, to grapple from Art's deep
One dripping trophy!

In einer Dachkammer

Lass streben sie nach des Mammons Gunst –
Nimm zu wie die Weisheit voll Wert:
Für mich, zu ergreifen in den Tiefen der Kunst
Eine Trophäe, triefend, begehrt!

Monody

To have known him, to have loved him
    After loneness long;
And then to be estranged in life,
    And neither in the wrong;
And now for death to set his seal –
    Ease me, a little ease, my song!

By wintry hills his hermit-mound
    The sheeted snow-drifts drape,
And houseless there the snow-bird flits
    Beneath the fir-trees' crape:
Glazed now with ice the cloistral vine
    That hid the shyest grape.

Monodie

Ihn gekannt zu haben, ihn geliebt zu haben
    Nach Zeiten, einsam und lang;
Und fremd ihm geworden im Leben
    Und nicht von des Übels Gang;
Und jetzt für den Tod das Siegel aufdrücken –
    Tröst mich, ein wenig Trost, mein Gesang!

Unter Schneegewehe, in dichtem Treiben,
    Ragt sein Eremiten-Hügel empor,
Und unbehaust huscht ein Schneevogel dort
    Unter des Tannenbaums Trauerflor:
Es barg die scheueste Traube
    Der Klosterwein, vereist nun, am Tor.

Lone Founts

Though fast youth's glorious fable flies,
View not the world with worldling's eyes;
Nor turn with weather of the time.
Foreclose the coming of surprise:
Stand where Posterity shall stand;
Stand where the Ancients stood before,
And, dipping in lone founts thy hand,
Drink of the never-varying lore:
Wise once, and wise thence evermore.

Verlassene Quellen

Auch wenn schnell der Jugend herrliche Zeiten vergehen,
Sollst die Welt du mit Augen des Weltkinds nicht sehen,
Noch dreh'n dich wie eine Fahne im Wind.
Du kannst ruhig der Zukunft entgegen sehen:
Steh', wo die Nachwelt soll stehen,
Steh', wo dein Vorfahr einst stand;
Tauch in verlassene Quellen die Hand
Und trink draus, was immer wahr:
Weis' einst, bleibt weis' immerdar.

Art

In placid hours well-pleased we dream
Of many a brave unbodied scheme.
But form to lend, pulsed life create,
What unlike things must meet and mate:
A flame to melt – a wind to freeze;
Sad patience – joyous energies;
Humility – yet pride and scorn;
Instinct and study; love and hate;
Audacity – reverence. These must mate,
And fuse with Jacob's mystic heart,
To wrestle with the angel – Art.

Kunst

In stillen Stunden man träumt ab und an
Von manch einem kühnen und luftigen Plan.
Doch ihm Form zu verleihen, einzuhauchen ihm Leben,
Welch' ungleiche Ding' sind zusammen zu geben:
Eine Flamme zum Schmelzen – Wind zum Erstarren,
Freudige Kraft – blässliches Harren,
Demut – doch auch Hoffart und Stolz,
Instinkt und Lernen, Lieben und Hassen,
Ehrfurcht – Kühnheit, alles muss passen,
Vereint, zu ringen mit dem Engel um höh're Gunst,
In Jakobs schwärm'rischem Herzen – Kunst.

Buddha

"Tor what is your life? It is even a vapor that appeareth for a little time and then vanisheth away."

Swooning swim to less and less,
    Aspirant to nothingness!
Sobs of the worlds, and dole of kinds
    That dumb endurers be
Nirvana! absorb us in your skies,
    Annul us into thee.

Buddha

„Welchen Sinn hat dein Leben? Es ist kaum ein Rauch, der für eine kleine Weile erscheint und dann entschwindet."

Von weniger zu weniger du schwindend schwebst,
    Der zum Nichts du strebst!
Seufzer der Welten, und Almosen jener,
    Die als stumme Dulder bestehen –
Nirwana! nimm auf uns in deinen Himmel
    Und lass uns in dir vergehen.

C_'s Lament

How lovely was the light of heaven,
What angels leaned from out the sky
In years when youth was more than wine
And man and nature seemed divine
Ere yet I felt that youth must die.

Ere yet I felt that youth must die
How insubstantial looked the earth,
Alladin-land! in each advance,
Or here or there, a new romance;
I never dreamed would come a dearth.

And nothing then but had its worth,
Even pain. Yes, pleasure still and pain
In quick reaction made of life
A lovers' quarrel, happy strife
In youth that never comes again.

But will youth never come again?
Even to his grave-bed has he gone,
And left me lone to wake by night
With heavy heart that erst was light?
O, lay it at his head—a stone!

C_s Klage

Wie lieblich war das Himmelslicht,
Welch' Engel waren droben zu sehen,
Zu Zeiten, als Jugend mehr war als Wein,
Mensch, Natur schienen göttlich zu sein,
Bevor ich noch fühlt' die Jugend vergehen.

Bevor ich noch fühlt' die Jugend vergehen,
Wie leicht und heiter war das Leben,
Ein Aladin-Land, entdeckt Stück um Stück
Oder hier und da ein neues Glück;
Nie schwant' mir, es könnt' weniger geben.

Und an Geltung übertroffen wurd's nie,
Auch nicht von Schmerz. Doch, von Freud' immer,
Und Schmerz war nur, dem Leben sei Dank,
Eines Liebenden Hader, glücklicher Zank
In der Jugend, die wiederkehrt nimmer.

Doch kehrt sie wirklich nimmer wieder?
Zu wachen bei Nacht ließ sie mich allein
Mit schwerem Herzen, das leicht einst war,
Ging denn zur letzten Ruhe sie gar?
Oh, leg ihr auf's Haupt – einen Stein!

Fragments of a Lost Gnostic Poem
of the 12th Century

                ***

Found a family, build a state,
The pledged event is still the same:
Matter in end will never abate
His ancient brutal Claim.

                ***

Indolence is heaven's ally here,
And energy the child of hell:
The Good Man pouring from his pitcher clear,
But brims the poisoned well.

Fragmente eines verlorenen gnostischen Gedichts aus dem 12. Jahrhundert

***

Gründ' eine Familie, begründ' einen Staat,
Der gefeierte Anlass ist stets egal,
Die Sach' wird am Ende nie mindern
Den Anspruch, alt und brutal.

***

Trägheit ist des Himmels Verbündeter hier
Und Tatkraft das Kind der Höll':
Klar gießt aus seinem Krug der gute Mensch,
Doch füllt er vergifteten Quell.

The Marchioness of Brinvilliers

He toned the sprightly beam of morning
     With twilight meek of tender eve,
Brightness interfused with softness,
     Light and shade did weave:
And gave to candor equal place
With mystery starred in open skies;
And, floating all in sweetness, made
     Her fathomless mild eyes.

Die Marquise von Brinvilliers

Er färbt' des Morgens munteren Strahl
    Mit Zwielicht, wie's sanft im Dämmer schwebt,
Von Weichheit durchdrungen der Glanz,
    Wie von Licht und Schatten gewebt;
Auch ließ Wahrheit er gleichen Raum wie
Dem Geheimnis unter weitem Himmelsgefild,
Und macht' voll Süße, die alles erfüllt,
    Ihrem Blick, unergründlich und mild.

Venice

With Pantheist energy of will
The little craftsman of the Coral Sea
Strenuous in the blue abyss,
Up-builds his marvelous gallery
    And long arcade,
Erections freaked with many a fringe
    Of marble garlandry,
Envincing what a worm can do.

Laborious in a shallower wave,
    Advanced in kindred art,
A prouder agent proved Pan's might
When Venice rose in reefs of palaces.

Venedig

In des Korallen-Meers blauem Abgrund
Durch pantheistischen Willens Kraft
Emsig der kleine Handwerker schafft
Seine wunderbaren Galerien
    Und langen Arkaden,
Geziert mit Girlanden, verrückt gerafft,
    Und marmornen Fransen,
Erweisend, was ein Wurm vermag.

Arbeitsam in flacheren Wassern,
    Weiter voraus in Künsten verwandt,
Pans Macht ein stolzer's Werkzeug erwies,
Als Venedigs Riff von Palästen erstand.

The Parthenon

I

Seen Aloft from Afar
Estranged in site,
Aerial gleaming, warmly white,
You look a suncloud motionless
In noon of day divine–
Your beauty charmed enhancement takes
In Art's long after-shine.

II

Nearer Viewed
Like Lais, fairest of her kind,
In subtlety your form's defined –
The cornice curved, each shaft inclined,
While yet, to eyes that do but revel
And take the sweeping view,
Erect this seems, and that a level,
To line and plummet true.

Spinoza gazes; and in mind
Dreams that one architect designed
Lais – and you!

III

The Frieze
What happy musings genial went
With airiest touch the chisel lent
To frisk and curvet light
Of horses gay—their riders grave
Contrasting so in action brave
With virgins meekly bright,
Clear filing on in even tone
With pitcher each, one after one
Like water-fowl in flight.

Der Parthenon

I

Hoch droben, von fern
Entlegen ganz
In warmem Weiß, in luft'gem Glanz,
Reglos besonnter Wolke du gleichst
In des göttlichen Tages Mittagsdunst;
Deine Schönheit betörende Krönung findet
Im langen Widerschein der Kunst.

II

Näher betrachtet
Lais gleich, der edelsten ihrer Art,
Ist deine Form mit Feinheit gepaart –
Das Sims gewölbt, jede Säule geneigt,
Wo alles aufrecht doch sich zeigt
Dem sich weidenden Blick,
Dem schweifenden Aug',
In solch einer Weis ideal
Und getreu dem Lot, dem Lineal.

Spinoza starrt; und fängt zu träumen an,
Dass ein Baumeister ersann
Lais – und dich!

III

Der Fries
Was freud'gem Sinnen leicht gedieh,
Mit leicht'ster Hand der Meisel lieh
Dem tänzelnd' Schritt, dem bäumend' Bug
Der prächt'gen Pferd' – mit ernster Mien'
Die Reiter, verschieden so im Tun, das kühn,
Von Jungfraun mit dem Henkelkrug
In ihrem milden Glanz,
Die klar gereiht in gleichem Geist
Wie Schwän' in ihrem Flug.

IV
The Last Tile
When the last marble tile was laid
The winds died down on all the seas;
Hushed were the birds, and swooned the glade; Ictinus sat;
Aspasia said
"Hist! – Art's meridian, Pericles!"

IV
Die letzte Fliese
Als geleget ward die letzte Flies',
Die Vögel schwiegen in der Bäume Wipfel,
Kein Wind mehr über den Meeren blies,
Ictinus saß, Aspasia pries:
„Scht! – Perikles, der Künste Gipfel!"

Greek Masonry

Joints were none that mortar sealed:
Together, scarce with line revealed,
The blocks in symmetry congealed.

Griechisches Mauerwerk

In den Fugen wurde der Mörtel gespart;
Zusammen, den Spalt kaum offenbart,
Die Blöcke, im Gleichmaß erstarrt.

Greek Architekture

Not magnitude, not lavishness,
But Form—the Site;
Not innovating wilfulness,
But reverence for the Archetype.

Griechische Architektur

Nicht Mächtigkeit, nicht leere Pracht,
Die Lage – doch auch die Form;
Statt neuernder Eigenmacht
Achtung vor des Urbildes Norm.

Off Cape Colonna

Aloof they crown the foreland lone,
    From aloft they loftier rise –
Fair columns, in the aureole rolled
    From sunned Greek seas and skies.
They wax, sublimed to fancy's view,
A god-like group against the blue.

Over much like gods! Serene they saw
    The wolf-waves board the deck,
And headlong hull of Falconer,
    And many a deadlier wreck.

Vor Kap Kolonna

Sie bekrönen einsam die Landspitz' von fern,
    Sie ragen droben noch mehr in die Höh'–
Edle Säulen, in flimmernder Glorie Schein
    Des sonnigen Himmels, der griechischen See.
Sie wachsen, veredelt in innerer Schau,
Eine göttliche Gruppe, gegen das Blau.

Göttlich zu sehr! Erhaben sahen sie
    Falconers Schiff in gier'gen Wellen untergehn',
Den Rumpf ungestüm überrollt,
    Und manch tödlicheres Wrack außerdem.

Syra

Fleeing from Scio's smouldering vines
(Where when the sword its work had done
The Turk applied the torch) the Greek
Came here, a fugitive stript of goods,
Here to an all but tenantless isle,
Nor here in footing gained at first,
Felt safe. Still from the turbaned foe
Dreading the doom of shipwrecked men
Whom false seas permit to land
Then pounce upon and drag them back.
For height they made, and prudent won
A cone-shaped fastness on whose flanks
With pains they pitched their eyrie camp,
Stone huts, whereto they wary clung;
But, reassured in end, come down—
Multiplied through compatriots now,
Refugees like themselves forlorn—
And building along the water's verge
Begin to thrive; and thriving more
When Greece at last flung off the Turk,
Make of the haven mere a mart.

I saw it in its earlier days
Primitive, such an isled resort
As hearthless Homer might have known
Wandering about the Ægean here.
Sheds ribbed with wreck-stuff faced the sea
Where goods in transit shelter found;
And here and there a shanty-shop
Where Fez-caps, swords, tobacco, shawls
Pistols, and Orient finery, Eve's
(The spangles dimmed by hands profane)
Like plunder on a pirate's deck
Lay orderless in such loose way
As to suggest things ravished or gone astray.

196

Syra

(Eine übermittelte Reminiszenz)

Fliehend aus Scios schwelenden Reben
(Wo, als das Schwert sein Werk getan,
Der Türk' die Fackel gebrauchte) kamen
Griechen her, Flüchtling, beraubt ihrer Hab',
Her zur Insel, die alles andre als leer,
Konnten sich auch nicht festsetzen erst
Noch sicher sein. Vom beturbanten Feind
Stets des Schiffbrüchigen Los befürchtend,
Dem eine falsche See zu landen gestattet,
Sich aber auf ihn stürzt und hinabzieht,
Kamen sie doch empor, gewannen klug
Eine bergige Stell', in deren Flanke
Sie ihren Horst aufschlugen mit Müh',
Steinhütten, nah denen sie vorsichtig blieben;
Aber, beruhigt am End', kamen sie herab,
Verstärkt durch andre Landsleut' nun,
Flüchtling', gleich ihnen selbst verzweifelt,
Und das Bauen dem Wasser entlang
Beginnt zu gedeihen, und blühend mehr,
Als Griechenland zuletzt hinauswarf die Türken,
Wird aus der Zuflucht vollends ein Handelsplatz.

Ich sah ihn in seinen frühern Tagen –
Ein abgeschnittener Ort, einfach,
Wie ihn Homer gekannt haben mag,
Als unbehaust er durchzog die Aegäis.
Schuppen zur See hin, mit Treibholzrippen,
Zum Schutz der Güter auf dem Transport,
Und hie und da eine Laden-Baracke,
Wo Fez-Hüte, Schwerter, Tabak, Schals,
Pistolen, Orient-Putz, Zeug für Frau'n
(Die Flitter trüb von profanen Händen)
Wie Plunder auf einem Piraten-Deck
Ohne Ordnung in solcher Weis zu sehn,
Als sollten gestohlen sie werden oder verloren gehn.

Above a tented inn with fluttering Hag
A sunburnt board announced Greek wine
In self-same text Anacreon knew,
Dispensed by one named "Pericles."
Got up as for the opera's scene,
Armed strangers, various, lounged or lazed,
Lithe fellows tall, with gold-shot eyes.
Sunning themselves as leopards may.

Off-shore lay xebecs trim and light,
And some but dubious in repute.
But on the Strand, for docks were none,
What busy bees! no testy fry;
Frolickers, picturesquely odd,
With bales and oil-Jars lading boats,
Lighters that served an anchored craft,
Each in his tasseled Phrygian cap,
Blue Eastern drawers and braided vest;
And some wich features cleanly cut
As Proserpine's upon the coin.
Such chatterers all! like children gay
Who make believe to work, but play.

I saw, and how help musing too.
Here traffic's immature as yet:
Forever this juvenile fun hold out
And these light hearts? Their garb, their glee,
Alike profuse in flowing measure,
Alike inapt for serious work,
Blab of grandfather Saturn's prime
When trade was not, nor toil, nor stress,
But life was leisure, merriment, peace,
And lucre none and love was righteousness.

Über einem Schank-Zelt mit flatternder Fahn'
Ein dürres Brett griechischen Wein pries an,
In Worten, wie sie Anakreon gekannt,
Verfasst von einem namens „Perikles".
Aufgeputzt wie für eine Opern-Szene,
Bewaffnete Fremde, zahlreich, lungernde
Geschmeidige Kerl' mit goldfleckigem Aug',
Sich sonnend, wie's mögen Leoparden tun.

Vor der Küste Chebeken, schmuck und leicht,
Und manche auch von dubiosem Ruf.
Aber am Strand, da es Docks nicht gibt,
Welch eifrige Bienen, kein gereizter Schwarm,
Ausgelassnes Volk, malerisch seltsam,
Mit Ballen, Ölkrügen Boote beladend,
Ankernde Leichter, dem Gewerb' dienend,
Jeder mit phryg'scher Mütze mit Quast',
Pumphosen, blau, und betresster West',
Manche mit Zügen, geschnitten klar
Wie auf der Münz' die von Proserpina.
Solch's Geschnatter überall! Wie Kinder froh,
Die arbeitend tun, doch spielen so.

Ich sah's und wie hilft Nachsinnen auch.
Der Verkehr ist hier unentwickelt wie je:
Währt solche Freude der Herzen
Immer so leicht? Ihre Tracht, ihr Frohsinn,
Wie verschwend'risch doch im Überfluss,
Wie ungeeignet für der Arbeit Ernst,
Schwatzen aus Großvater Saturns Blüt',
Wo es Handel, Mühsal, Druck noch nicht gibt,
Das Leben Muse war, Frohsinn, Frieden,
Nicht Geldgier, und Rechtschaffenheit war geliebt.

L'Envoi

The Return of the Sire De Nesle
A.D. 16--

My towers at last! These rovings end,
Their thirst is slaked in larger dearth:
The yearning infinite recoils,
    For terrible is earth.

Kaf thrusts his snouted crags through fog:
Araxes swells beyond his span,
And knowledge poured by pilgrimage
    Overflows the banks of man.

But thou, my stay, thy lasting love
One lonely good, let this but be!
Weary to view the wide world's swarm,
    But blest to fold but thee.

The Return of the Sire De Nesle
A.D. 16--

L'Envoi

Die Heimkehr des Sire de Nesle
A.D. 16--

Endlich daheim! Die Wanderschaft um,
Der Durst gestillt, nun weniger wert:
Das unendliche Sehnen weicht zurück,
    Denn schrecklich nur ist die Erd'.

Kafs Felsenmaul stößt durch den Nebel,
Der Araxes geht über die Ufer meist,
Und Lehren als der Pilgerschaft Lohn
    Übersteigen den menschlichen Geist.

Doch du, mein Halt, lass deine Liebe
Das einzig' Glück für mich sein!
Müd' vom Blick auf der Welt Getriebe
    Bin ich selig bei dir nur allein.

Anmerkungen

<u>Seite 11ff.:</u>
F. Schunck, Herman Melville, Wracks am Strande der Zeit, hrsg. von
R. T. Hlawatsch und H. G. Heiderhoff, Horst Heiderhoff Verlag 1984
A. Pechmann, Herman Melville, John Marr und andere Matrosen,
mareverlag Hamburg 2013
The Poems of Herman Melville, edited by D. Robillard, Kent, Ohio
& London 2000

<u>Seite 21:</u>
Der *Shenandoah* mündet bei Harpers Ferry in den Potomac, der
Kleinstadt, an der *John Brown* seinen desaströsen Überfall verübte;
„Shenandoah" wird hier zum Synonym für Virginia und die Südstaa-
ten überhaupt.
John Brown war ein fanatischer Eiferer, der gegen die Sklaverei
kämpfte. 1855 schloss er sich mit sechs seiner Söhne und seinem

**John Brown (nach einer
zeitgen. Fotografie)**

Schwiegersohn zusammen und
avancierte bald zu einem Anführer
einer Art Anti-Sklaverei-Guerilla.
Seine bekannteste Aktion fand am
17. Oktober 1859 statt, als er mit 21
Männern in Virginia Harpers Ferry
überfiel. Er wollte einen Aufstand
der Sklaven entfachen und diese mit
Waffen aus dem dortigen Arsenal der
US-Armee ausrüsten. Mit einer sich
immer mehr vergrößernden Revolu-
tionsarmee aus aufständischen und
befreiten Sklaven sollte letztlich der
gesamte Süden befreit werden. Der
Plan scheiterte: Nicht ein Sklave
schloss sich ihnen an, insgesamt star-
ben 17 Männer, darunter zehn von
Browns Anhängern und zwei seiner
Söhne. Brown selbst wurde nur

verwundet, festgenommen und – nach äußerst medienwirksamen
Interviews – zwei Monate später gehängt.
Der Überfall vertiefte den Konflikt zwischen Nord und Süd und war
damit eines der Ereignisse, die zum Ausbruch des Bürgerkriegs in
den USA führten. Brown selbst wurde schon während seines Prozes-

ses zum großen Helden der Abolitionisten, während die meisten Südstaatler ihn als Verbrecher und Mörder ansahen. Im Lauf des Bürgerkrieges avancierte der nach seiner Hinrichtung komponierte Marsch *John Brown's Body* schnell zum beliebten Kampflied der Unionstruppen. Die Melodie findet sich bis heute in der amerikanischen „Battle Hymn of the Republic", einer Umdichtung des später als respektlos empfundenen ursprünglichen Liedes.

<u>Seite 23:</u>
der Welt schönste Hoffnung, befleckt von üblem Frevel der Menschheit: bezieht sich auf die Verfassung bzw. die Vereinigten Staaten als ‚Land der Freien', aber der ‚Frevel' meint wohl in erster Linie nicht die von den Südstaaten praktizierte und verteidigte Sklaverei, sondern eher den Sezessionskrieg als Bruderkrieg.

<u>Seite 27:</u>
Sumters Gegenwehr: Die Belagerung von Fort Sumter durch die Konföderierten ist als Auslöser des Sezessionskrieges zu sehen. Die Anerkennung der Konföderation durch die Regierung in Washington hätte die Auflösung der Vereinigten Staaten, als deren Vertreter sich die Nordstaaten sahen, zur Folge gehabt. Konkret wurde dies an Fort Sumter, einem Fort der Vereinigten Staaten in Südcarolina, als dessen Befehlshaber sich weigerte, das Fort an die Südstaaten zu übergeben und im April 1861 gegen die Einnahme Widerstand leistete. Ostern fiel 1861 auf den 31. März.

<u>Seite 29:</u>
Die *erste Schlacht von Manassas*, auch bekannt als erste Schlacht am Bull Run, fand am 21. Juli 1861 statt und war die erste große Landschlacht des Sezessionskrieges. Mit der Niederlage waren die Erwartungen der Nordstaaten auf eine schnelle Beendigung des Krieges, die sich auch in der von Melville charakterisierten Euphorie der jungen Rekruten zeigen, zunichte gemacht.
Präsident Lincoln hatte Irvin McDowell zum Oberbefehlshaber der Nordost-Virginia-Armee ernannt und ihn zum Angriff auf Virginia gedrängt. McDowell wollte zunächst nicht angreifen, weil seine Truppen noch nicht gut ausgebildet und unerfahren waren. Die Politik wollte jedoch einen schnellen Sieg. Argumente gegen einen voreiligen Einsatz der Truppen wurden von Lincoln abgetan mit den berühmten Worte: You are green; the Rebels are green. You are all green alike (Ihr seid unerfahren; die Rebellen sind unerfahren. Ihr seid alle gleich unerfahren).

Die zweite Schlacht von Manassas war zwischen dem Abend des 28. und dem 30. August 1862. Auch sie endete mit hohen Verlusten und der Niederlage der Nordstaaten.

Seite 33:
Nach der Niederlage bei Manassas ließ Lincoln insgesamt eine

McClellan

Millionen Soldaten einberufen. Als Befehlshaber ernannte er General George B. McClellan, der es schaffte, aus unerfahrenen und entmutigten Regimentern eine disziplinierte und schlagkräftige Armee zu machen. Er war deswegen unter den Soldaten und in der Bevölkerung hochgeachtet, galt in den ersten Wochen nach seiner Ernennung als einer der größten und fähigsten Generäle der Union.

Nach dem auf McClellans Verlangen erfolgten Rücktritt von General Winfield Scott übernahm jener nun neben dem Oberbefehl über die Potomac-Armee den Oberbefehl über alle Streitkräfte. McClellan hielt seine Truppen lange Zeit in der Defensive, weil er die zahlenmäßige Überlegenheit der Konföderierten befürchtete. Unter wachsendem Druck der Politik und der Bevölkerung war er schließlich doch gezwungen zu handeln. Am 21. Oktober 1861 gab McClellan Befehl, die Konföderierten von der nördlichen Seite des Potomac und von Süden her angreifen. So kam es an einem Steilufer des Potomac bei *Ball's Bluff* zu einem Zusammenstoß mit den Rebellen. Diese hatten am Steilufer Posten bezogen und waren so in einer denkbar günstigen Position. Als die Truppen der Nordstaaten den Fluss überqueren wollten, wurden sie von den Rebellen unter Beschuss genommen. Über 800 Unions-Soldaten wurden getötet, verwundet oder gefangen genommen.

Seite 35:
Die Schlacht von *Port Royal* war eine der ersten Land-Wasser-Operationen im Bürgerkrieg. Mit Kriegsschiffen und Landungskorps wurde 1861 Port Royal in South Carolina erobert. Die Einfahrt des natürlichen Hafens war durch Fort Walker und Fort Beuaregard gesichert. Die Angreifer sammelten sich vor dem Sund ab dem 3. November, nachdem die Schiffe auf ihrer Fahrt die Küste hinab in einen schweren Sturm geraten waren. Wegen der dadurch verursachten Schäden war eine Landung der Streitkräfte nicht möglich und die

Schlacht wurde zunächst zwischen den Kanonen auf den Schiffen und denen an der Küste ausgetragen.

Die Flotte begann den Angriff am 7. November nach weiteren durch das Wetter verursachten Verzögerungen, die dem Süden die zwischenzeitliche Verstärkung der Truppen in Fort Walker ermöglichten. Dupont, der Kommandant der Flotte, ließ seine Schiffe in einer elliptischen Bahn segeln und dabei beide Forts angreifen, bis die Schiffe Position bezogen und auf Fort Walker ihre Breitseiten abfeuern konnten. Am frühen Nachmittag waren die meisten Kanonen des Forts zerstört und ein Landungstrupp der Nordstaaten nahm das Fort in Besitz. Nach dessen Fall musste der Kommandeur von Fort Beau-

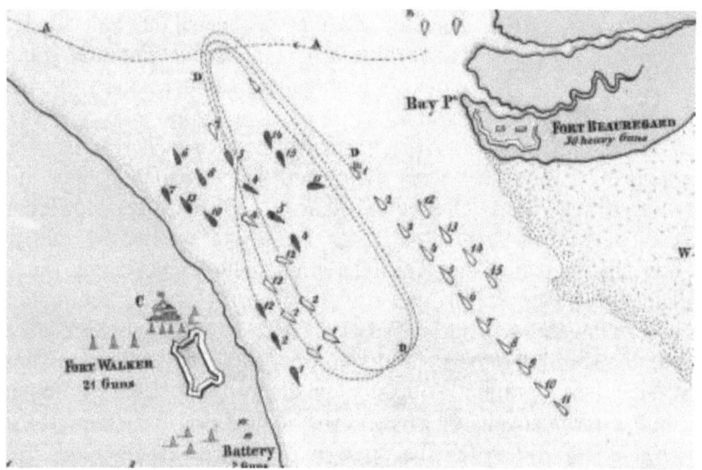

Die Beschießung der Forts bei Port Royal

regard befürchten, eingekreist und abgeschnitten zu werden und so befahl er den Rückzug; auch Fort Beauregard wurde von den Nordstaaten besetzt. Trotz der heftigen Kanonaden waren die Verluste an Leben auf beiden Seiten gering.

<u>Seite 37:</u>

Anmerkung Melvilles: ‚*Die schreckliche Stein-Flotte, auf einer Mission so gnadenlos wie der Granit, mit dem sie befrachtet ist, segelte diesen Morgen von Port Royal los und wird innerhalb von 2 Tagen Charleston zu einer Binnenstadt machen. Die Schiffe sind alte Walfänger und kosten jedes die Regierung zwischen $ 2500 bis $ 5000. Manche von ihnen waren einmal berühmte Schiffe*' (aus einer Tageszeitung).

Sechzehn Schiffe wurden dementsprechend auf einer Bank vor der Flussmündung versenkt. Ihre Namen waren wie folgt

Amazon	*Leonidas*
America	*Maria Theresa*
American	*Potomac*
Archer	*Rebecca Simms*
Courier	*L. C. Richmond*
Fortune	*Robin Hood*
Herald	*Tenedos*
Kensington	*William Lee*

Alle Verantwortlichen scheinen darin überein zu stimmen, dass das angestrebte Ziel nicht erreicht wurde. Es wird sogar gesagt, dass letzten Endes die Einfahrt durch die Mittel, mit denen man sie zerstören wollte, verbessert wurde.

<u>Seite 41f.:</u>

Turners Gemälde ‚Die letzte Fahrt der Temeraire'

Der Kampf zwischen der Monitor und der Merrimac (s. Seite 45) kennzeichnet ebenso wie das Gemälde von Turner ‚Die letzte Fahrt der *Temeraire*' (The Fighting Temeraire, tugged to her Last Berth to be broken up) von 1838, auf das Melville in diesem Gedicht Bezug nimmt, das Ende der Ära der prächtigen Segelschiffe in der Kriegsmarine bzw. in der Seefahrt überhaupt.

mit der Victory im Wettstreit: Die Temeraire segelte neben der Victory mit der Aufgabe, diese zu decken.

jener Feigling dort: Gemeint ist Villeneuve, der Befehlshaber der vereinigten französischen und spanischen Flotte, der es bei Trafalgar zunächst unterließ, sein Schiff, die Bucentaure, entsprechend als Admiralsschiff kenntlich zu machen. Während der Schlacht von Trafalgar suchte Nelson das feindliche Flaggschiff und erst als die Victory die Bucentaure unter schweren Beschuss nahm und am Heck des feindlichen Schiffes vorbeizog, setzte Villeneuve seine Flagge. Er hatte sich überdies zuvor mehrfach dem Kampf trotz für ihn günstiger Umstände entzogen. Napoleon selbst sah ihn offenbar als Versager: er hatte vor, ihn abzusetzen, und nach Trafalgar war Villeneuve endgültig in Ungnade gefallen; er brachte sich dann anscheinend selbst um.

vier große Rümpf: Als die Victory die Bucentaure angriff, nahm die Redoutable ihrerseits die Victory unter Beschuss. Die Männer der Redoutable waren nahe daran, die Victory zu entern, als die Temeraire die Redoutable angriff.

doppelt bewährt: Während der Schlacht von Trafalgar verlor die Victory im Beschuss durch die Trinidad ihren Besanmast und einen Teil des Takelwerks. Die Temeraire schob sich zwischen beide Schiffe und verteidigte das Flaggschiff, das sonst vermutlich zerstört worden wäre.

<u>Seite 45:</u>
Seegefecht während des Sezessionskrieg im März 1862 in der Mündung des James River, den Hampton Roads in Virginia, und die erste Schlacht zwischen gepanzerten Schiffen überhaupt; ging auch als Schlacht zwischen CSS Virginia und USS Monitor in die Marinegeschichte ein.

Der Kampf zwischen ‚Monitor' (im Vordergrund rechts) und ‚Merrimac' (Mitte links)

Die Virginia hatte im Norden den Namen Merrimac, da die Südstaaten die versenkte USS Merrimac geborgen und zu einem Panzerschiff, eben der Virginia, umgebaut hatten. Hatte sich die Virginia zuvor den herkömmlichen Kriegsschiffen der Union deutlich überlegen gezeigt, so besiegte die neu konstruierte und deutlich kleinere Monitor dann die Virginia.

<u>Seite 47:</u>
Die Schlacht von *Shiloh* ereignete sich am Sonntag, dem 6., und Montag, dem 7. April 1862 im US-Bundesstaat Tennessee.
Die Bezeichnung kommt vom Namen der Kirche oder Kapelle, um die herum die Schlacht stattfand; Shiloh bezeichnet im Alten Testament (1. Mose 49,10) eine männliche Person, die als Friedensbringer

Schlacht bei Shiloh
s. http://history1800s.about.com /od/civilwar/ss/The-Battle-Of-Shiloh_2.htm

gesehen wird; Shiloh bedeutet daher auch Ort des Friedens.
Es war die bis dahin verlustreichste Schlacht des amerikanischen Bürgerkrieges. Die Verluste der Union betrugen ca. 14000 Mann, die der Konföderation ca. 11000 und Grant schrieb später in seinen Memoiren, dass es „möglich war, über das ganze Schlachtfeld zu laufen ohne den Boden zu berühren, so war er mit Leichen bedeckt". Shiloh wurde von den Konföderierten zunächst noch als Sieg gesehen, bis sich später die Stimmung wandte. Die Schlacht war ein schreckliches

Gemetzel, von den Chronisten wurde sie als „blutig, schmutzig und verworren" bezeichnet, da ein Großteil des Geländes dichter, unwegsamer Wald war. „Ich hatte mehr Angst als bei Shiloh" wurde zum geflügelten Wort unter den Veteranen der Schlacht.

Seite 49:
Die Schlacht am *Malvern Hill* vom 1. Juli 1862, auch Schlacht bei Pointdexters Farm, war die letzte der Sieben-Tage-Schlachten. Die Sieben-Tage-Schlacht ist das hervorstechendste Ereignis des Halbinsel-Feldzuges. Es sich handelte sich um eine Aufeinanderfolge von sechs großen Schlachten zwischen dem 25. Juni und dem 1. Juli 1862. Am Malvern Hill führte General Robert E. Lee, der Kommandeur der Konföderierten, eine Reihe von Angriffen gegen die Stellungen der Potomac-Armee durch. Für die Konföderierten stellte die Schlacht die letzte Möglichkeit dar, den Unionstruppen eine empfindliche Niederlage beizubringen. Lees Plan wurde aber – ähnlich wie auch die andern Angriffe der Südstaaten in der 7-Tage-Schlacht – wegen unwegsamer Straßen, schlechter Karten und mangelhafter Ortskenntnis der Divisionskommandeure nur unzureichend umgesetzt, der Angriff blieb unkoordiniert und erfolglos. Trotzdem wich der Befehlshaber der Union, Generalmajor George B. McClellan, nach Harrisons Landing am James-River aus, wo die Potomac-Armee unter dem Schutz von auf dem Fluss patrouillierenden Kanonenbooten lag. Die Gefallenen und Verwundeten blieben auf dem Schlachtfeld zurück. Proteste der Kommandierenden Generale, die am nächsten Tag aus den behaupteten Stellungen heraus die konföderierten Truppen angreifen wollten, wies McClellan zurück. Man warf McClellan in der Folge sogar Feigheit und Verrat vor. Die Bedrohung Richmonds, der Hauptstadt Virginias, war damit vorüber und der Halbinsel-Feldzug endete schließlich mit dem im August beginnenden Abzugs der Potomac-Armee.

Seite 53:
Anmerkung Melvilles: *‚Ich wage nicht, die schrecklichen und unglaublichen Gräuel zu beschreiben, die begangen wurden', sagt Froissart unter Bezug auf den bemerkenswerten Aufruhr in Frankreich in jener Zeit (der franz. Revolution, B. S. O.) Dasselbe lässt sich vielleicht sagen unter Bezug auf einiges am Vorgehen der Aufständischen (draft-rioters).*
Die *Draft-Riots* (Einberufungsunruhen) ereigneten sich im Juli 1863 in New York. Nachdem die Kriegsmoral des Nordens nach der schweren Niederlage in der Schlacht von Chancellorsville vom 1. bis

3. Juli auf dem Tiefpunkt angelangt war, wurden sie trotz der inzwischen errungenen Siege ausgelöst durch ein von der Regierung Lincoln erlassenes Wehrpflichtgesetz, das die Aushebung von Rekruten vorsah. Bis zur Niederschlagung der Unruhen durch herbeigerufene Truppen war New York mehrere Stunden lang in der Hand des Mobs, der sengte und plünderte und vor allem auch die Farbigen als unschuldige Ursache des Krieges zur Zielscheibe des Hasses und der Gewalt machte. U. a. war ein Waisenhaus für Schwarze in Brand gesteckt worden, zahlreiche Farbige wurden gelyncht und bekanntere Befürworter der Sklavenbefreiung waren ihres Lebens nicht sicher.

Drako: Sternbild des Drachen, erinnert unter Bezug auf den fiktiven Befreier an weise und mächtige Drachen, zugleich Anklang an drakonische Strafen (engl./am. drakonian: streng, unerbittlich, sinngemäß auch etwa „drachenhaft/in Drachenart")

Glauben Calvins: Glaube an die Erbsünde/Sündigkeit des Menschen von Geburt an als Gegenmodell zu Rousseaus Ideal des von Natur aus guten Menschen.

die zynische Tyrannei aufrechter Könige: Melville meint hier wohl „aufgeklärte" Monarchen, die als solche ihre Macht zwar nicht mehr von Gott ableiteten, die aber gleichwohl ihre Untertanen als unvernünftig und nicht zur Selbstbestimmung fähig behandelten.

der Natur Römer: Aufklärerisches Ideal des edlen Menschen, das an das Rousseau'sche Menschenbild und die Vorstellung vom Menschen als vernünftigem Wesen gebunden ist.

Mörserkanone

und zu züchtigen nie: Anspielung auf Paulus/Apostelgeschichte 22:25 „Dürft Ihr einen römischen Bürger ohne Urteil geißeln?"

<u>Seite 55f.:</u>
Anmerkung Melvilles: *Die große Mörser-Kanone, aufgestellt in den Marschen von James Island und eingesetzt in der verlängerten, zeitweise auch unterbrochenen Bombardierung von Charleston, war unter den Soldaten als Sumpf-Engel bekannt.*

Man wird sich diese Kanone wohl vorstellen können wie die auf vorstehender Abbildung, die allerdings eine auf einem Kanonenboot befestigte zeigt. Diese wog 17.210, das Geschützfundament 4.500 und eine mit Sand gefüllte Geschosskugel 230 Pfund.

St. Michael: Die St. Michaels-Kirche, gekennzeichnet durch ihren ehrwürdigen Turm, war die älteste und zugleich die aristokratische Kirche der Stadt.

<u>Seite 59:</u>
Melville macht mit diesem Gedicht auf die humanitäre Katastrophe aufmerksam, als die die Gefangenenlager sowohl der Nord- als auch der Südstaaten zu sehen waren. Beide Parteien waren auf die Unterbringung von Kriegsgefangenen gänzlich unvorbereitet. Maßnahmen wurden zunächst keine ergriffen; 1861 gab es kein Militärgefängnis, das mehr als ein paar Dutzend aufsässige Mannschaftsdienstgrade hätte aufnehmen können. Auch nach der Beschießung von Fort Sumter gingen beide Seiten noch davon aus, dass der Krieg in wenigen Monaten zu Ende wäre; die Freilassung der gesamten Garnison durch die Südstaaten nach der Übergabe des Forts sah man noch als eine Art Selbstverständlichkeit. Auch glaubten die Gefangenen zu Beginn des Krieges, bald wieder entlassen zu werden, denn bis zur Manassas-Schlacht wurden Gefangene auf Ehrenwort entlassen. Sie durften erst wieder kämpfen, wenn sie formell gegen eine gleiche Anzahl feindlicher Gefangener ausgetauscht waren. Die nach der Übergabe des Militärbezirks Texas im Februar 1861 an die Konföderierten anfangs noch ritterliche Haltung der Südstaaten, die freien Abzug der in Texas stationierten Soldaten der Nordstaaten ohne deren Entwaffnung vorsah, änderte sich jedoch bald, zumal Behörden und Bevölkerung durch die Aussicht auf durchziehende, möglicherweise sogar nicht einmal entwaffnete feindliche Soldaten verunsichert waren. Im Norden dagegen brauchte es einige Zeit, bis gefangen genommene Konföderierte überhaupt als Kriegsgefangene betrachtet wurden. Nach Lincolns Ansicht war der Süden immer noch Teil der Union, Konföderierte waren daher Verräter, die kein Anrecht auf Behandlung als Kriegsgefangene hatten. Diese Haltung verhinderte zugleich jeglichen Austausch. Für die bei Manassas gefangengenommenen Nordstaatler gab es deshalb ein böses Erwachen, als sie mehrere Monate in Gefangenschaft verbringen mussten. Erst die Drohung der Konföderation, es würde für jeden gehängten Südstaatler ein gefangener Yankee hingerichtet, sowie erheblicher öffentlicher und politischer Druck änderten Lincolns Auffassung. Ein dann geplantes

und anfänglich wohl auch realisiertes Programm des geregelten Austauschs blieb aber in Problemen stecken: Beide Seiten waren auf den erforderlichen Aufwand nicht gefasst und u. a. weigerten sich die Südstaaten, gefangene schwarze Soldaten als gleichwertig mit weißen anzuerkennen.

Gefangene wurden zunächst hinter der Front zu Sammelstellen gebracht und dann von Zwischenlagern wie Point Lookout in Maryland oder dem später so berüchtigten Libby-Gefängnis in Richmond tief ins Landesinnere verlegt. Oktober 1861 wurde von den Nordstaaten das erste speziell eingerichtete Kriegsgefangenenlager auf der Johnson-Insel im Erie-See in Ohio eröffnet. Das Lager sollte 1000 Gefangene aufnehmen. Die Unzulänglichkeit der Planungen zeigte sich spätestens im Februar 1862, als nach dem Fall von Fort Donelson über 15000 Gefangene gemacht wurden. Allein das erforderte die Errichtung von vier Ersatzlagern in Indiana, Illinois und Ohio, von überbelegten Gefängnissen und andern Unterbringungsmöglichkeiten ganz zu schweigen.

Nach dem Zusammenbruch des Austauschsystems konnten die rapide

Camp Sumter bei Andersonville, Georgia

ansteigende Anzahl von Gefangenen nicht mehr bewältigt werden. Im Süden wurden einige neue Lager, darunter Camp Sumter in der Nähe von Andersonville, Georgia errichtet. Die meisten Gefangenen wurden hineingestopft, wo gerade noch Platz war, ob auf einer kahlen Insel im James-Fluß, die Melville in seinen Versen wohl meint, oder in Libby's Tabaklager in Richmond.

Die Lager waren daher meist völlig überbelegt, dreckig, unhygienisch, voller Ungeziefer und für die Insassen ein Martyrium. Uniformen und Bekleidung wurden bald zu Lumpen. Mit der Ernährung stand es nicht besser, wobei allerdings oft kaum Unterschiede zu dem bestanden, was die eigenen kämpfenden Männer erhielten. Das Fleisch war häufig verdorben, das Brot voller Maden und verschimmelt. Die zugeteilten Mengen machten kaum satt. Das Trinkwasser stammte nicht selten aus verseuchten, vom Lagerabfällen und Fäkalien verunreinigten Brunnen oder Wasserläufen. Es kam zu Seuchen und Mangelkrankheiten. Im Lager Elmira bei New York traten in drei Monaten 1800 Skorbutfälle auf; in Fort Delaware erkrankten über zehn Prozent der Gefangenen daran. Im Süden waren die Verhältnisse nicht viel besser. Der Militärarzt Joseph Jones schrieb über Andersonville: »Aufgrund der Überbelegung, der unhygienischen Lebensweise, der schlechten Ernährung und dem entmutigten, deprimierten Zustand ist die Verfassung der Gefangenen derart angeschlagen, dass die kleinste Hautabschürfung von einem drückenden Schuh, aufgrund von Sonnenbrand oder Moskitostichen in einigen Fällen zu einer rapiden und beängstigenden Vereiterung, sogar zum Wundbrand führte«. Alle Lager besaßen nicht gerade vorbildliche Lazarette, aber das von Andersonville spottete jeder Beschreibung. Es war ein Areal außerhalb des Lagers, wo Kranke und Verwundete auf Strohhaufen oder Brettern unter offenem Himmel lagen. Millionen von Fliegen schwärmten über die Kranken. Selbst in Gefängnislazaretten wie Camp Douglas in Illinois lag die Sterblichkeitsrate schon bei sechs Todesfällen pro Tag. In Camp Sumter war sie bedeutend höher. In diesem Lager herrschten besonders extreme Verhältnisse, 33000 Mann lebten zusammengepfercht auf engstem Raum. Die Männer hatten darüber hinaus mit Langeweile, Heimweh und Hoffnungslosigkeit zu kämpfen. Um sich abzulenken, schrieben die meisten Gefangenen so oft wie möglich. Aber Papier war knapp, besonders im Süden, viele baten ihre Angehörigen um Zusendung von Briefpapier, aber mit der Zeit mussten einige Lagerkommandanten den Briefverkehr wegen Überlastung der Zensoren einschränken. »Die Leiden des Körpers waren nichts im Vergleich zu denen des Geistes«, schrieb ein Gefangener aus New Hampshire. Unsicherheit, Isolation, Verzweiflung und fehlende Nachrichten von außen »hatten alle eine deprimierende Wirkung auf den Geist, und letztendlich wurden viele verrückt«. Viele gaben einfach auf und starben (vgl. http://www.bigcountry.de/index.php?Seite=/amerikanischer-buergerkrieg.htm)

Seite 61:
Wilderness-Wald: (s. dazu Anmerkung zu S. 89)

Petersburg Krater: Bei der Belagerung von Petersburg hatten Soldaten der Union die Stellungen der Konföderierten unterminiert und mit einer gewaltigen Explosion gesprengt. Im so entstandenen Krater blieb dann aber die Angriffswelle der Unions-Truppen stecken und ein furchtbares Gemetzel entstand.

Brutkasten von Libby: Ein ehemaliges Kaufhaus und Tabaklager in

Libby-Gefängnis mit Wachmannschaft 1862

Richmond, das als Gefangenenlager genutzt wurde

Seite 63:
1865 verschlechterte sich die Lage der Konföderierten weiter. General Johnston war es nicht gelungen, den Durchmarsch der Nordstaatentruppen durch North Carolina zu stoppen und für General Sherman war der Weg nach Petersburg frei. Er hatte vor, sich dort mit General Grant zu vereinigen und Lees Armee zu vernichten. Lee musste sich mit einer Anzahl von 55000 Soldaten begnügen, die zudem durch ständige Desertionen verringert wurde. Grant standen hingegen 120000 Soldaten zur Verfügung und bis zum endgültigen Sieg war es nur noch eine Frage der Zeit. Grant wollte wohl nach der langen Belagerung von Petersburg den Feind allein bezwingen, ohne den Ruhm mit Sherman zu teilen. Zum anderen befürchtete er, dass Lee

sich zurückziehen würde, um sich in North Carolina zusammen mit Johnston gegen Sherman zu stellen.

Tatsächlich hatte Lee vor, seine Stellungen vor Peterburg zu verlassen, um nicht eingekesselt zu werden. Das war aber nicht ohne wieteres möglich, da die Konföderierten an allen Stellen von feindlichen Linien kontrolliert wurden. In den Kämpfen Ende März musste Lee weitere Verluste hinnehmen; er verlor zuletzt zwei Divisionen unter dem Befehl von General Pickett und war gleichzeitig gezwungen, seine Linien noch weiter auszudehnen. Grant nutzte die Chance und befahl am 2. April einen weiteren Sturmangriff, diesmal auf der gesamten Linie. Die Stellungen der Konföderierten wurden durchbrochen und vielen Südstaaten-Soldaten blieb nichts anderes übrig, als die Flucht zu ergreifen. Jetzt sah Lee ein, dass er sich mit seinen restlichen Truppen nur noch zurückziehen konnte. Damit war die Hauptstadt Richmond nicht mehr geschützt und für den Einmarsch der Unionstruppen frei. Eine Fluchtwelle der Bürger wie vormals in Atlanta folgte. Alles, was nicht niet- und nagelfest war, wurde mitgenommen. Alles andere wurde durch die Armee vor dem Abzug in Brand gesteckt, insbesondere das, was militärisch von Bedeutung

Der Fall Richmonds in der Nacht des 2. April 1865
in einer zeitgenössischen Darstellung (s. http://www. picturehistory.com/product/id/28302)

schien. Die einmarschierenden Nordstaatler hatten alle Hände voll zu tun, die Feuer zu löschen. Noch am gleichen Tag wurde auch Petersburg besetzt und die beiden wichtigsten Städte des Südens waren damit in der Hand der Union. Grant nahm indessen die Verfolgung von Lees Armee auf, um deren Zusammenschluss mit Johnstons Armee zu verhindern. Lee hatte damit kaum noch eine Chance, der Niederlage zu entgehen, dazu war Grants Armee viel zu stark. Am 9. April kam es infolgedessen zur Kapitulation der Südstaaten-Armee.

Seite 69:
Anmerkung Melvilles: *Kürzlich vergrub der Feind in betrügerischer Absicht vor der Evakuation von Petersburg, die Wiederinbesitznahme vor Augen, einige schwere Kanonen auf demselben Feld wie seine Toten. Die Kriegslist wurde danach von den Schwarzen verraten.*

Seite 79:
Die Schlacht am *Pea Ridge* (auch Schlacht bei der Elkhorn Tavern) fand am 7. und 8. März 1862 statt. Dabei besiegten Truppen der Nordstaaten unter Brigadegeneral Samuel Curtis die Truppen der Südstaaten unter Generalmajor Earl Van Dorn.

des Verräters Wahl: Grundsätzlich wurden alle Offiziere der Konföderierten vom Brigadekommandeur aufwärts durch die U. S.-Regierung formal als des Verrats überführt angesehen, also auch die Befehlshaber der Konföderierten bei Pea Ridge. So sind z. B. General Sterling Price in dem damals populären Daniel-Martin-Song über Pea Ridge und General Earl Van Dorn in einem Bericht der New-York Illustrated News vom 12. April 1862 als Verräter bezeichnet worden. Womöglich ist im engeren Sinne auch Albert Pike gemeint, der auf Seiten der Südstaaten ein paar Tausend Indianer unter seinem Kommando hatte, die – unvertraut mit militärischer Ordnung und Disziplin – in der Schlacht vom 6. und 7. April 1862 von wenig Nutzen waren, aber auf dem Schlachtfeld zurückgebliebene Verwundete und Gefallene ausplünderten und skalpierten. Obgleich darunter vermutlich nicht nur Soldaten der Nordstaaten waren, erregte dies vor allem in der Öffentlichkeit der Nordstaaten Abscheu und Empörung. Pike, ein Vertreter der Interessen der Sklavenhalter und selbst einer, ist eine wichtige Figur in der Geschichte Arkansas, war auch als Dichter der „Hymns to the Gods" nicht unbekannt, wurde jedoch dann – auch aufgrund einiger dunkler Punkte in seiner Biografie – als grausam, verwildert, dem Whiskey verfallen, also als jemand, der die Zivilisation und ihre Werte verraten hat, dargestellt.

<u>Seite 81:</u>

Nachdem der Halbinsel-Feldzug der Potomac-Armee unter Generalmajor McClellan als gescheitert zu betrachten war und die Unionstruppen unter hohen Verlusten für beide Seiten an den James-River ausgewichen waren, sollte die neu aufgestellte Virginia-Armee unter Generalmajor John Pope gemeinsam mit der Potomac-Armee von Norden auf Richmond vorrücken. Mitte August lagen sich die Truppen General Robert E. Lees und John Popes nach der Schlacht am Cedar Mountain am Rappahannock gegenüber. Lee entschloss sich, die Virginia-Armee anzugreifen, bevor die Potomac-Armee die Unionstruppen auf ungefähr 150.000 Mann verstärken konnte. Die *zweite Schlacht von Manassas* (auch zweite Schlacht am Bull Run) fand zwischen dem Abend des 28. und dem 30. August 1862 in der Nähe von Manassas im nördlichen Virginia statt. Die Virginia-Armee unter John Pope mit ca. 63000 Mann musste sich Lee's Truppen von ca. 54000 geschlagen geben und erlitt hohe Verluste.

<u>Seite 87:</u>

Die *Schlacht am Chickamauga*, einem Bach im Norden Georgias, der bei Chattanooga in den Tennessee mündet, fand am 19. und 20. September 1863 statt. Es war eine der verlustreichsten Schlachten des Bürgerkrieges überhaupt. Von ca. 57000 Soldaten der Union waren ca. 16000 gefallen, verwundet oder vermisst und bei den Konföderierten waren es ca. 19000 von insgesamt ca. 66000 Soldaten. Durch den Sieg der Konföderierten unter General Bragg über die Generale der Nordstaaten, Rosecrans und George Henry Thomas, wurde die Nordstaatenarmee gezwungen, nach Chattanooga auszuweichen.

<u>Seite 89:</u>

Nach seiner Ernennung zum Oberbefehlshaber des US-Heeres 1864 plante Generalleutnant Grant, Lees Armee nach Richmond zurückzudrängen und dort zu besiegen. Es gab zwei mögliche Marschwege: den im Binnenland, wo Lees Armee im Augenblick lag, oder den direkten Weg über Fredericksburg entlang der Küste. Letzterer hätte den Vorteil geboten, dass die Truppen größtenteils per Schiff versorgt werden konnten, allerdings wäre eine Überquerung des Rappahannock River im Talkessel bei Fredericksburg sehr riskant gewesen. Die andere Route führte über die sogenannte ,*Wilderness*' im Norden von Chancellorsville, ein unwegsames, bewaldetes Gebiet. Ein Jahr zuvor hatte dort schon ein Teil der Schlacht von Chancellorsville stattgefunden. Grant spekulierte auf eine rasche Durchquerung, ehe Lee seine Armee dorthin verlegen konnte. Lee dagegen hoffte, die Unionsstreitkräfte auf dem Marsch durch das unwegsame Gelände, wo die Überlegenheit ihrer Artillerie nicht zum Tragen kommen konnte, angreifen zu können. Am 5. Mai trafen Lees Truppen auf die Vorhut der Potomac-Armee und nach zwei Tagen voller Kämpfe in dem dichten Gestrüpp der Wilderness standen sich die beiden Armeen wie in den Jahren davor angeschlagen gegenüber. Anders als bisher zog sich die Potomac-Armee dieses Mal aber nicht zurück – Grant befahl den Marsch nach Südosten, um zwischen Lees Armee und die konföderierte Hauptstadt Richmond zu gelangen, und die beiden Armeen trafen noch mehrfach aufeinander.

Seite 91:
Das Gefecht am *Mount Kenesaw* war ein Desaster der Unionstruppen unter Shermans Führung auf dem Marsch zur Eroberung Atlantas. Nachdem Sherman seinen konföderierten Gegner, Joseph Johnston, zur Aufgabe der Linien um New Hope Church gezwungen hatte, kamen die Unionstruppen Atlanta gefährlich nahe. Dann jedoch setzte schwerer Regen ein, der die Straßen nahezu unpassierbar machte. Johnston hatte eine stark befestigte Position am Kenesaw Mountain eingenommen. Für Schanzarbeiten standen ihm Sklaven zur Verfügung und so konnte er seine Truppen schonen. Sherman, der bisher über die Flanken angegriffen hatte, entschloss sich zu einem frontalen Angriff, weil er fürchtete, seine ohnehin erschöpften Solda-ten durch weitere Manöver zu überfordern und weil er hoffte, den Gegner überraschen zu können, was ihm aber nicht gelang. Um 9.00 Uhr morgens gerieten die tapfer angreifenden Divisionen der Union unter vernichtenden Beschuss und verloren innerhalb von etwa 2 ½ Stunden fast 3000 Mann.

Seite 101:
Fall: Teil des laufenden Gutes eines Segelschiffs, Taue, mit denen die Segel gesetzt und gerefft wurden (vgl. auch Fall-Sänger, Anmer-kung zu S. 105)

Seite 105:
Fall-Sänger: Beim Hissen der Segel größerer Segelschiffe sangen die Matrosen im Chor, um sich von der Anstrengung abzulenken, aber auch, um beim Ziehen im Takt zu bleiben.

Topp: eigentlich Masttopp, -spitze, hier die zum Mastkorb, Ausguck umgebaute Plattform oben am Mast

Mercutio: berühmte Figur William Shakespeares, Romeos Freund in "Romeo und Julia". Der Name leitet sich u. a. von "mercurial" ab, das auch "lebhaft" oder "launisch" bedeutet und so einen Hinweis auf Mercutios Charakter gibt. Der Name verweist ferner auf Mercurius, den römischen Götterboten und Gott der Händler, nach dem der sich schnell bewegende Planeten Merkur benannt ist und im Englischen auch das Quecksilber ("mercury"). Romeo charakterisiert Mercutio wie folgt: "Jemand, der sich gern reden hört (...) und der in einer Minute mehr spricht, als er in einem Monate verantworten kann." Mercutio ist draufgängerisch, frech und lebhaft sowie für seinen Humor berüchtigt. Sogar im Angesicht des Todes verliert er seinen Sarkasmus nicht. Auf Romeos Frage, ob seine Wunde groß sei, antwortet der tödlich Verletzte: "Nein, nicht so tief wie ein Brunnen, noch so weit wie eine Kirchentüre; aber es reicht eben hin. Fragt morgen nach mir, und ihr werdet einen stillen Mann an mir finden. Für diese Welt, glaubt's nur, ist mir der Spaß versalzen."

Cannakin: von Canikin (Diminutiv von can, also kleine Kanne, Kännchen)

Seite 109ff.:
Ophir: Im Alten Testament (1 Kön 9,26-28) und entsprechenden jüdischen Schriften erwähntes sagenhaftes Goldland, das mit König Salomons Reichtum und oft auch mit dem aus ägyptischen Quellen bekannten Goldland Punt in Verbindung gebracht wird.

Oreaden: Bergnymphen im Unterschied zu Najaden (Wassernymphen) und Dryaden (Baumnymphen)

Seite 129:
Melville reiste auf dem Klipper *Meteor* uner dem Kommanda seines Bruders Thomas 1860 nach Kalifornien. Eigentlich hatte er eine Weltreise geplant, die er jedoch abbrach.

Seite 149:
Obgleich der Titel passend scheint, eigentlich: Die beneidenswerten Inseln. Als Inseln der Glückseligkeit, der Glückseligen oder als glückselige Inseln sind seit der Antike die Kanaren bekannt; Melville meint aber offenbar Südseeinseln und anscheinend ist dieser Ausdruck nicht spezifisch. So ist z. B. in: The Philippine Islands, 1493-1898, Volume XXI, 1624, hrsg. von Emma Helen Blair (The Project

220

Gutenberg) von „Terrenàte, one of the enviable islands of Malùco"
die Rede.

<u>Seite 151f:</u>
Sturmvogel und Tölpel: Seevögel

Die vier Engel: Offenbahrung Johannes, wegen des „gnadlosen
Hauchs" wohl eher 9, 14f. und nicht 7, 1-3, wie F. Schunk (s. Vor-
bemerkung) meint

<u>Seite 167:</u>
Unter dem Namen *Metrodorus* sind verschiedene Personen des alten
Griechenland historisch belegt. Gemeint ist wohl Metrodorus von
Lampsacus (331–278 v. Chr.), griechischer Philosoph und Hauptver-
treter der Epikureer. Das Gedicht spielt wohl darauf an, dass Epikur
vor den Toren Athens einen Haus mit Garten besaß und die Gelehrten
aus seiner Schule im Volksmund bald ‚die Philosophen vom Garten'
genannt wurden. Außerdem hatte Epikur als Grundlage der Verwirk-
lichung eines glücklichen Lebens u. a. gefordert: Lebe im Verborge-
nen! Entziehe dich den Vergewaltigungen durch die Gesellschaft -
ihrer Bewunderung, wie ihrer Verurteilung. Lass ihre Irrtümer und
Dummheiten und gemeinen Lügen nicht einmal in der Form von
Büchern zu dir dringen.

<u>Seite 171:</u>
Man scheint sich einig, dass Melville mit diesem Gedicht seine Trau-
er über den Tod von N. Hawthorne (1864) zum Ausdruck gebracht
hat, was aber nach Robillards Meinung einige Schwierigkeiten der
Erklärung aufwirft, da z. B. nichts über eine Entfremdung der beiden
Männer bekannt sei und anscheinend auch unklar blieb, wann das
Gedicht geschrieben wurde. Bekannt ist allerdings, dass die Freund-
schaft der beiden Schriftsteller 1850 begann und 1852 merklich
abkühlte, auch wenn Melville später Hawthorne in Liverpool besuch-
te, wo dieser amerikanischer Konsul war. Robillards Vermutung, dass
das Gedicht eher für Malcolm, Melvilles ältesten Sohn, geschrieben
wurde, der 1867 – wie man annimmt – von eigener Hand starb, passt
ihrerseits nicht so ganz zu den Zeilen "To have known him, to have
loved him/After loneness long", mit denen das Gedicht beginnt.

<u>Seite 183:</u>
Das Gedicht bezieht sich auf ein womöglich nur erdachtes Portrait
der Marquise de Brinvilliers, da wenigstens keines der bekannteren

221

zu Melvilles sonstiger Beschreibung zu passen scheint. Auf den ersten Blick könnte man meinen, Melville hätte den biografischen Hintergrund der Dargestellten nicht gekannt, aber er stellt lediglich dar, wie der Maler als Schöpfer des Porträts dieses auffasste, wohl auf den Gegensatz zwischen Darstellung und realer Person als literarisch-künstlerischen Effekt spekulierend. Marie-Madeleine Marguerite d'Aubray, Marquise de Brinvilliers (1630-1676) war eine der bekanntesten Giftmörderinnen der Kriminalgeschichte. Bekannt wurde ihr Fall vor allem durch die Veröffentlichung in François Gayot de Pitavals Sammlung von Kriminalfällen zur Juristenausbildung, die sich aber auch beim allgemeinen Publikum großer Beliebtheit erfreute. Der Fall um die Marquise wurde in anderen Literatur- und Kunstformen aufgenommen. So gibt es u. a. eine Oper von Eugène Scribe, A. Dumas d. Ä. verfasste einen historischen Essay und Erwähnung findet die Marquise z. B. auch in E.T.A. Hoffmanns „Das Fräulein von Scuderi" (1819).

Seite 187f.:
Lais: beliebter Name für Hetären im antiken Griechenland, so dass durch das häufige Auftreten des Namens die Zuordnung zu konkreten Personen erschwert wird; von Melville wohl verwandt in der Bedeutung „schöne Frau" oder „vollkommene Schönheit" und damit auch über Spinoza die Zurückführung zusammen mit dem Parthenon auf einen Schöpfer.

Aspasia: Einflussreiche Athenerin, Frau des Perikles

Ictinus: Griech. Architekt des 5. Jhdts. v. C., entwarf den Parthenon

Seite 195:
Falconers Schiff: Bezieht sich auf ‚The Shipwreck', ein Gedicht von William Falconer, das ein Schiffsunglück vor *Kap Kolonna*, heute Kap Sunion, zum Thema hat.

Seite 201:
L'Envoi bedeutet im Französischen "die (Aus)Sendung", Envoy im Englischen „(Ab)Gesandter", aber zugleich auch „Abgesang/Schluß-strophe".

Sire de Nesle: Wohl Gesandter vom Hofe Ludwigs des XIII. oder Ludwigs des XIV; bekannt sind Guy de Clermont, Marschall, und Raoul II de Clermont, Sire de Nesle, Konnetabel von Frankreich unter Philipp dem Schönen. Melville verwendet den Namen wohl ohne konkreten historischen Bezug, evtl. auch als Name eines Schiffes, wobei Schiffsnamen aber gewöhnlich kursiv oder in Anführungs- und Schlusszeichen gesetzt sind.

Kaf: myth. Gebirge, vgl. z. B. Der Greif vom Gebirge Kaf, in: Dschinnistan oder auserlesene Feen- und Geistermährchen, theils neu erfunden, theils übersetzt und umgearbeitet und 1786-1789 herausgegeben von Christoph Martin Wieland

Araxes: Der Aras oder Arax ist der längste Nebenfluss des Kura in Vorderasien. Er entspringt in Ostanatolien und fließt am Berg Ararat vorbei. Schon in der Antike war der Fluss als Araxes bekannt. Auch Herodot erwähnt ihn in seinen Schriften, wobei allerdings ungeklärt ist, ob er damit tatsächlich den Aras meinte. Man hält den Aras auch für den historischen Gihon, der in der Bibel im 1. Buch Moses bei der Beschreibung des Gartens Eden erwähnt wird.